CŒUR DE COCHON

DE LA MÊME AUTRICE
(Bibliographie sélective)

Mes 18 exils, L'Iconoclaste, 2021.

Je suis un génie, illustré par Serge Bloch, Collection L'Iconopop, L'Iconoclaste, 2022.

Galère !, Thierry Magnier, 2023.

Le monde est à toi, illustré par Hélène Druvert, Saltimbanque, 2024.

Surtout l'amour, illustré par Catel Muller, Gallimard Jeunesse, 2025.

Dans ma petite maison, illustré par Charlotte Pirotais, Collection Enfance en Poésie, Gallimard Jeunesse, 2025.

La fleur du passage clouté, illustré par Serge Bloch, Collection Mouche, L'école des loisirs, 2025.

Monstre cherche monstresse, illustré par Léon Bloch, Les Arènes, 2025.

www.editions-jclattes.fr

Susie Morgenstern

CŒUR DE COCHON

JC Lattès

Collection fondée par
Isabelle Sorente et Clara Dupont-Monod.

Couverture : © The Duke
Photographie intérieure : © Olivier Roller
ISBN : 978-2-7096-7506-2
ISSN : 2825-7634

Première édition août 2025.

Pour mes médecins :
Dr. Mayah, Docteurs Philippe Lucas,
Laurent Drogoul, Frédéric Bècle,
Emmanuel Barranger, Véronique Mari

Et Docteurs Texte :
Aliyah Morgenstern, Emma Roubertie

Le porc était mon ennemi
Mais il m'a sauvé la vie !
Alors j'ai changé d'avis...

Il m'a donné une petite tranche
Et quelle différence !
Il m'a donné l'espérance...

Merci au porc
Tu es dans mon corps
Dans mon cœur, tu es mon veau d'or.

Un livre est toujours la réponse à une question que je me pose. Et ce livre encore plus. Le cochon existait dans mes livres et contes, mais certainement pas dans ma vie. Et puis si ! Oh combien il existait !

Depuis des semaines, je n'y peux rien, je ne pense qu'à lui. Il se promène dans ma tête, je le vois partout, il m'obsède. Et pourtant, si je devais dresser la liste de mes ennemis, il figurerait en bonne position. Pendant toute mon enfance, je l'ai craint, et encore aujourd'hui, alors que j'ai 80 ans, il continue de m'inspirer de la peur, comme si je redevenais une petite fille face à lui. Il est tout ce que l'on m'interdisait, tout ce que je me suis toujours interdit.

Quand on m'a expliqué que je n'avais pas le choix, que je devais absolument lui faire une place en moi si je souhaitais continuer de me lever chaque matin, j'ai été comme pétrifiée. Je ne savais plus quoi faire, quoi dire. Accueillir un bout du cochon, que j'ai passé ma vie à fuir, dans mon cœur ? Alors même que je ne prends pratiquement pas de médicaments, préférant un peu de douleur à de potentiels effets secondaires. Cette fois-ci, c'était bien pire, je ne voulais surtout pas engloutir un cochon dans mon cœur défaillant !

Maintenant, l'opération est terminée, les médecins sont rassurés, mais le cochon s'est installé et il refuse de décamper. J'ai beau le pousser vers la sortie, il me quitte quelques minutes et revient par la fenêtre. Je n'ai plus le choix, je n'ai qu'une seule solution, ma solution à tout dans la vie : écrire. Il faut que je lui écrive, il faut que je lui raconte pourquoi je le déteste de toutes les fibres de mon corps, pourquoi je ne parviens pas à l'ignorer.

Je dois écrire une lettre au cochon.

Je n'ai jamais démarré un manuscrit aussi délirant. Comme j'en parle toujours à ma famille et à mes amis, je recueille des réactions plus ahuries et abasourdies que jamais :

« Un cochon ? Mais pourquoi ? »

« Cache ce projet sur le cochon sous ton lit et continue avec ce que tu écris habituellement ! Dieu ne veut pas que tu écrives sur les cochons ! »

Personne n'est heureux avec ce sujet, surtout pas mon amie Alice à New York : « Je n'ai jamais aimé ce thème. Ça ne te ressemble pas. Je le pense depuis la première fois que tu en as parlé. Tu as beaucoup d'autres choses à dire, mais des cochons ! Beurk ! »

Une autre amie me prévient que ça va provoquer les antisémites.

Ma sœur à qui je raconte ce que j'écris tous les jours me hurle : « Laisse-moi tranquille avec ton cochon ! »

Et ma meilleure amie : « Tu deviens folle avec ce cochon ! »

Il n'y a que mon petit-fils Sacha qui lit au fur et à mesure et qui adore. Il me dit : « C'est original et j'apprends plein de choses. »

Je suis toujours, tous les jours et toutes les nuits, envahie par les doutes et le manque de confiance pour chaque livre, mais je n'ai jamais commencé un livre avec autant de peur et de trépidation. Je comptabilise les signes, les phrases, les pages en me disant que jamais je n'y arriverai. Le temps de l'écriture est souvent obsessionnel mais cette fois-ci, c'est carrément de la folie.

Finalement, peut-être que la folie est un bon signe, et si ce livre est le plus difficile à écrire, c'est qu'il est aussi le plus important.

La littérature : casher, pas casher ?

Cher cochon,

Si tu te demandes pourquoi je t'écris cette lettre, tu comprendras. Je te dirai tout, sans chichis et franchement.

D'abord, désolée ! Tu n'as jamais été invité chez moi ! Le seul cochon qui soit jamais entré chez nous, c'est la tirelire. Je mettais les pièces de monnaie dans sa fente sans penser à ce que cette statuette en poterie représentait. C'était juste ma *piggy bank*.

Ton nom n'était pas interdit dans mon foyer américain, comme le serait un gros mot, car tu figurais en bonne place dans les comptines que l'on nous récitait, par exemple « This Little Piggy Went to Market ».

Ce petit cochon va au marché (touchez le gros orteil) / Ce petit cochon est resté à la maison (touchez l'orteil suivant, et ainsi de suite) / Ce petit cochon a mangé du rosbif / Ce petit cochon n'a rien eu / Et ce petit cochon a pleuré : snif, snif, snif ! / Tout le long du chemin jusqu'à la maison (chatouillez l'enfant partout).

Mais il y avait également Piglet (Porcinet), l'ami tout rose et timide de Winnie l'ourson. *Quel jour on est ? demande Winnie. On est aujourd'hui, répond Porcinet. C'est mon jour préféré, dit Winnie.*

Je connaissais bien *Les Trois Petits Cochons.* Je tremblais quand le loup menaçait de détruire ta maison.

Beatrix Potter a fait de toi un portrait adorable dans *L'Histoire de Rebondi Cochonnet.*

J'ai vu *Babe* de Dick King-Smith au cinéma. Babe est le cochon surdoué qui échappe à la fatalité de son sort (la charcuterie !) en devenant le berger du troupeau du fermier nommé Hoggett. J'étais si contente pour toi !

J'ai lu et tant aimé *La Toile de Charlotte* de E. B. White dans lequel Charlotte sauve son ami, Wilbur le cochon, de l'abattage par son fermier de père. Il veut l'envoyer à la boucherie parce qu'il est l'avorton de sa portée.

Au moins les livres dont tu es le héros n'étaient pas censurés.

Oh cochon, tu es privé de cet immense plaisir dans ma vie qui est de lire. Quand j'étais petite, je me cachais pour lire car c'était mal vu, une perte de temps, un peu comme les écrans aujourd'hui. Dans ma cachette, avec un livre, je planais. Imagine : Astrid Lindgren, Johanna Spyri, Charles Dickens, Mark Twain, Louisa May Alcott, Roald Dahl, Hans Christian Andersen, Alan Alexander Milne, Lewis Carroll, Dr Seuss, Madeleine L'Engle, Lucy Maud Montgomery, Laura Ingalls Wilder, Beverly Cleary, Edith Nesbit, Harriet Beecher Stowe et tant d'autres. Chacun m'a donné un petit morceau de lui-même et de son monde. Chacun s'est enfermé avec discipline et dévouement pour persister à m'offrir le cadeau que j'apprécie tant : des livres. La littérature est remplie des secrets et des révélations de chaque auteur, qui s'acharne dans sa solitude pour formuler des miettes des merveilles qui nous entourent. Les livres sont mes trésors. J'aimerais être enterrée dans un lit de livres.

Livres, musique, théâtre, cinéma.

On regardait les films animés comme *Bugs Bunny* et *Porky Pig*.

Tu étais bien mignon, mais je ne pouvais pas te voir autrement que comme un monstre.

Tous les livres et les films te délivrent de ton destin, mais la vie ne t'épargne pas !

Plus tard, j'ai lu *Animal Farm* éblouie par le génie de George Orwell. Il y montre combien les cochons sont les plus intelligents de tous les animaux. Je ne l'ai pas cru. C'était juste une fable politique. J'ai surtout retenu la soif de pouvoir qui finit par corrompre tous ceux qui l'ont. Je trouvais ça bien que le cochon nommé Napoléon personnifie Staline.

Et puis *Truismes* de Marie Darrieussecq, dans lequel une femme se métamorphose en truie. Cette allégorie érotique et fantastique m'a inspiré admiration et dégoût. L'auteure a du culot, du courage et si tu me permets de le dire grossièrement, des couilles. Je me promets de lire *La Métamorphose* que Franz Kafka a écrit longtemps avant *Truismes* sur un homme qui se réveille inexplicablement transformé en insecte.

Je ne savais pas que tu étais le symbole de la prospérité, de la bonne fortune et de l'abondance dans de nombreuses cultures. Pour moi tu symbolisais la désobéissance, le péché, l'apostasie. Tu étais l'anathème. L'ennemi. Dans ma famille, si on te tolérait dans les livres, les films et en tirelire, tu n'étais pas le bienvenu à notre table. Je savais qu'il y avait ceux qui mangeaient du porc et nous, qui n'en mangions pas. Tu étais le marqueur de notre identité. Est-ce un mal d'être différent ?

Tu es la viande la plus consommée au monde (bien que l'objet d'interdit alimentaire chez les juifs et les musulmans, qui sont – si on y réfléchit bien – tes meilleurs amis !). Ta viande est très convoitée et j'en suis désolée pour toi. Je ne t'aimais pas mais je ne souhaitais pas ta mort. À vrai dire, je ne me sentais concernée ni par ta vie ni par ta mort.

Contrairement à ce que l'on voit dans les images mimis des livres pour enfants, – et je sais que ce n'est pas politiquement correct de stigmatiser tes attributs physiques – dans la réalité, je te trouve bien laid. Sauf ta queue tire-bouchonnée. Des pattes trop courtes, une tête bien trop grande par rapport à ton corps. En revanche, ce n'est pas moi qui pourrais t'appeler « gros ». C'est comme ça que l'on m'appelait à l'école : « Tu es une grosse truie ! » (« *You're a fat pig!* ») Mes grandes sœurs me torturaient en me narguant, elles se moquaient de moi qui me curais le nez en criant : « *Little piggy!* » Et chaque fois qu'on voyait une femme qu'elles trouvaient laide, elles l'appelaient « *Miss Piggy* ». Tu es tellement disgracieux que, dans les dessins « humoristiques » de juifs, on faisait nos portraits avec une tête de porc. Tu es l'arme chérie des antisémites pour se moquer de nous.

D'ailleurs, ce n'est pas la seule expression dénigrante dont tu es le héros : manger comme un cochon, un temps de cochon, jeter des perles aux pourceaux, faire une tête de cochon, avoir un caractère de cochon, des yeux de cochon, un tour de cochon, vieux cochon – sans compter Balance ton porc, ou tout simplement « cochon » pour dire du mal de quelqu'un. Mon pauvre cochon, tu n'as pas bonne presse.

Mais il y a aussi (et ce n'est pas pour ton bien) « tout est bon dans le cochon ».

Enfant, je lorgnais ta viande, je reniflais le bacon, je convoitais les lardons, mais j'étais convaincue que si j'approchais de la moindre lamelle de ta chair, j'allais brûler en enfer et peut-être d'ailleurs à l'instant même où je te toucherais de ma langue. L'enfer, c'était de voir l'étalage de ta charcuterie pure porc et « Pas touche ! ». Je me sentais privée d'un paradis culinaire.

Est-ce que tu sais raconter des blagues ? Moi, pas bien. Je déteste les dîners où, au lieu d'une conversation digne et profonde, on lance un marathon de blagues. Une de temps en temps, d'accord, mais je suis vite en overdose. Je peine à les comprendre, néanmoins certaines restent avec moi, résonnent en moi. En voici une :

Un prêtre et un rabbin sont côte à côte dans un avion et entament un dialogue. Deux ouvriers théologiques, ils ont de quoi parler. Quand le déjeuner est servi, le prêtre, mal à l'aise d'être si curieux, y va le plus diplomatiquement possible et demande au rabbin s'il n'a jamais cédé à la tentation de manger du porc.

— Vous savez quoi ? J'avoue qu'après des années à tourner autour et à résister, dans un moment de faiblesse j'ai mangé un sandwich au jambon.

Ouf ! Il l'a dit ! Plus tard, après une bonne dose d'intimité et d'amitié judéo-chrétienne, le rabbin demande :

— Dites-moi, mon père, est-ce que vous vous êtes déjà laissé emporter par le désir d'une femme ?

— Oui, je vais vous dire la vérité. Une fois j'ai succombé et j'ai goûté la joie de la chair.

Il existe des fins différentes :

Le rabbin dit : « Ça bat de loin un sandwich au jambon ! »

Ou bien, le prêtre dit : « Le jambon est bien meilleur. »

Ou vice versa.

Cette blague démontre la gêne que tu provoques dans nos consciences. Pourquoi ces interdictions, ces freins à la liberté ? Pour nous, les juifs, ça a commencé avec la Bible (et même avant !). Voici la source de ton ascendance dans notre hit-parade de gaffes : *Tu ne mangeras d'aucune chose abominable. Voici les animaux dont vous pourrez manger [...] tout quadrupède qui a le pied corné et divisé en deux ongles distincts, parmi les animaux ruminants vous pouvez le manger.* (Deutéronome, 14, 3 à 6)

Tu sais bien que nous ne sommes pas les seuls à imposer des régulations strictes dans ce domaine. Les musulmans boycottent aussi ta chair, ainsi que les boissons alcoolisées. Les bouddhistes se privent de viande. Les catholiques font des périodes de carême. Et nous avons nos règles de la cacherout.

Il est temps que je t'explique ces règles. La cacherout est le code alimentaire que l'on prétend avoir été dicté à Moïse sur le mont Sinaï pour les enfants d'Israël qui ont fui l'esclavage en Égypte. Ça date d'il y a terriblement longtemps. Toutes ces lois sont écrites dans la Bible et c'est un principe fondamental de la loi, de la pensée et de la culture juives. Tu vois comme tu es important pour nous ? Tu es le numéro un des animaux proscrits !

En bref, mon pauvre porc, tu es en bonne compagnie avec les reptiles, les amphibiens et les insectes. Et puis les fruits de mer que certains aiment tant : homard, crabe, crevettes, pétoncles, huîtres, moules. Mais, alors que je le suis tant par toi, je ne suis pas le moins du monde tentée par ces bestioles.

Les aliments interdits pour la consommation sont listés dans le Lévitique, chapitre 11 et dans le Deutéronome, chapitre 14. Tu peux aller vérifier. Le mot hébreu casher signifie « convenable » ou « valable ». Un aliment peut être « pur » ou « impur ». Je regrette de te dire que tu es l'exemple de l'aliment le plus impur qui soit ! Si ça ne suffisait pas, tu es désigné comme une abomination : *abominables ils resteront pour vous : ne mangez point de leur chair* ; *Tu ne mangeras d'aucune chose abominable.*

Je ne sais pas comment ou pourquoi les décideurs bibliques ont composé ces règlements. Est-ce qu'il y a un pourquoi ? J'ai tendance à penser que les déterminateurs d'antan avaient un but autre que l'hygiène ou la nutrition. À mon avis, ils ne voulaient tout simplement pas que nous nous asseyions à la même table que les non-juifs. C'était une façon d'assurer notre survie et de freiner l'assimilation.

On a beaucoup évoqué des préoccupations de santé. Tu étais soupçonné de ne pas être hygiénique. Je ne sais pas non plus ce qu'en pensent les scientifiques actuels, mais tu sais que nous allons vers des régimes écologiques sans viande pour tout le monde. Je n'ai aucune idée de ce que tu vas devenir, mais je t'offre toutes ces informations pour que tu ne meures pas ignorant.

Les animaux que nous pouvons manger doivent donc avoir des sabots fendus et être ruminants. Tu es doté de tels sabots. Alors où est le problème ? Tu ne rumines pas et ça te disqualifie. Peut-être – qui sait – que tu rumines quand même. Ruminer : machiner, manigancer, méditer, réfléchir, remâcher, repasser, repenser, retourner, goupiller ! Fais-tu tout ça ? Moi, je suis une ruminante extrême !

Les poissons doivent avoir des écailles et des nageoires, ce que n'ont pas les anguilles et les seiches en plus des autres ci-dessus.

Les rapaces – qui voudrait manger des rapaces ? – sont proscrits, mais d'autres de tes amis de la basse-cour sont casher, comme les poulets, les canards, les oies et les dindes.

Et ce n'est pas tout. Pourquoi faire facile quand on peut compliquer les choses ? Les animaux doivent être abattus par un rabbin ou un « chochet » (une personne qualifiée pour l'abattage rituel). Il faut que tout leur sang soit drainé. Tu vois, pas de boudin pour nous ! Et l'étiquetage officiel « casher » doit être clairement marqué.

Pas de viande à la crème ! La viande et les produits laitiers ne doivent pas être consommés ensemble. En plus, il faut laisser un long moment de digestion avant de passer de la viande au lait. Pas de glaces pour le dessert après un steak frites ! Pas de parmesan sur la bolognaise !

Comme si cela ne suffisait pas, il faut séparer les ustensiles pour cuisiner la viande et ceux pour les fromages et les produits laitiers. Donc deux services de vaisselle, de couverts, de casseroles et d'ustensiles. Il faut avoir une grande cuisine ! Chez moi, si jamais on s'emmêlait les pinceaux, qu'on tartinait le pain du beurre avec un couteau pour la viande, ma mère criait à l'assassin, sortait dans le jardin et enfonçait le couteau dans la terre boueuse pendant un mois.

Et à Dieu ne plaise que des insectes ou des vers se soient glissés subrepticement dans les interstices des aliments.

La bonne nouvelle est que, même sans toi, nous ne mourons pas de faim ! Si on n'est pas végan on a droit au bœuf, veau, poulet, dinde, canard, colin, anchois, saumon, merlu, hareng, morue, flétan, sardine, bar, thon, dorade, brochet, pageot, cabillaud, truite, rouget, maquereau, laits et œufs d'animaux certifiés casher.

Et puis pour les végans et les autres, les fruits et les légumes sont tous casher – sans insectes, s'il vous plaît.

Tout cela n'est que la partie matérielle de la cacherout. Il y a aussi le spirituel. Puisque nous considérons le monde comme un temple et la nourriture divine, nous bénissons ce que nous mangeons et son créateur. Tout ce que l'on enfonce dans sa bouche est précédé d'une bénédiction. Elles commencent par la bénédiction pour se laver les mains : *Béni sois-Tu, Éternel notre Dieu, Roi de l'univers*, et selon la catégorie on ajoute : *qui crée le fruit de l'arbre*, *qui crée le fruit de la terre*, *qui crée le fruit de la vigne*, *qui fait sortir le pain de la terre*, *qui crée différentes sortes de nourriture*, et pour tout le reste : *par la parole duquel tout est créé*. J'aime toutes ces bénédictions car je suis d'accord pour remercier le ciel et la terre de toute cette bonté. Je suis la première à bien vouloir me nourrir, goinfre que je suis.

Il faut couronner le tout par la longue bénédiction après le repas qui commence par :

Béni sois-Tu, Éternel, notre Dieu, Roi de l'univers, qui, dans Sa bonté, nourrit le monde entier avec grâce, avec bonté et avec miséricorde. Il donne de la nourriture à toute chair, car Sa bonté est éternelle. Par Sa grande bonté envers nous, constamment, nous ne manquons pas, et puissions-nous ne jamais manquer, de nourriture. Pour Son grand Nom, car Il est un Dieu (bienveillant) qui nourrit et soutient tous, fait du bien à tous et prépare de la nourriture pour toutes Ses créatures, qu'Il a créées, comme il est dit : « Tu ouvres Ta main et satisfais le désir de tout vivant. » Béni sois-Tu, Éternel, qui procure de la nourriture à tous.

Tu vois, cher cochon, il faut pouvoir parler et dire, bénir et faire des éloges pour être juif. Et mon pauvre chéri, pour toi j'imagine, personne n'a jamais dit la moindre bénédiction. Je cherche une petite bénédiction gentille pour te rendre casher !

Tu es désormais, grâce à mes explications, plus intelligent en ce qui concerne tes relations avec les juifs et la cacherout. Il fallait que tu connaisses les règles une fois pour toutes. Et pourquoi depuis là-haut sur le mont Sinaï, et jusqu'à aujourd'hui, tu es banni de nos cœurs et de nos estomacs.

Maintenant, je vais t'en dire plus sur moi et la cacherout.

Obéir ou trahir

Je n'étais pas vraiment religieuse. Dans ma famille, Dieu rôdait autour de nous comme une mouche ou un farfadet. On l'invoquait souvent avec des « *Please God!* », « *Oh my God!* », « *God forbid!* », « *God help me!* » et « Si Dieu le veut » ou en cas de grosse colère : « *Goddamnit!* » Nous étions des intimes, copains comme cochons ! Je m'adressais à lui avant une interro ou un rencard. « Pourvu que je réussisse, pourvu que je lui plaise. » Intéressée ! Je connaissais les prières et je les récitais. Mais je crois (bien que je n'en sois pas sûre) que je croyais en lui autant qu'au père Noël, c'est-à-dire pas beaucoup.

Ma grand-mère, Bubie Dora, a débarqué à New York en passant par Ellis Island comme tous les immigrés. Ce grand bateau qui traversa les océans depuis Odessa l'avait sûrement secouée sur l'entrepont. Elle est venue toute seule à 14 ans et je regrette amèrement de ne lui avoir jamais posé de questions. Comment s'est-elle débrouillée sans un mot d'anglais, sans un centime dans sa poche, sans famille ? Je sais qu'elle a travaillé dans un *sweat shop* (atelier de couture des fourrures). Je ne sais pas où ni comment elle a vécu, dans quel état d'esprit. Je m'en veux ! Il y a tant de questions que j'aimerais lui poser maintenant qu'elle n'est plus là. Pourquoi la curiosité a mis trop de temps à se réveiller ? Dieu était son copain, son pote. Elle l'appelait souvent « *Gott in himmel!* » (Dieu dans le ciel). Et pour toute question sur chaque éventualité sa réponse était : « *God willing* » (Si Dieu veut). Je ne sais pas si elle était croyante. Je pense que de mère en fille nous sommes plutôt sceptiques. Dieu est notre ami imaginaire.

Pourtant je voulais croire, je voulais tant être pieuse, j'étais si jalouse de mes camarades de classe dans l'école juive qui l'étaient. J'en voulais à ma famille de ne pas être orthodoxe comme les familles de mes copines. Certes, notre maison était casher, mais… pas nos estomacs, puisqu'on mangeait dans les restaurants pas casher. Cela dit, on ne TE mangeait pas ! Jamais…

Sauf exception !

Mon père avait été élevé plus orthodoxe que ma mère, sa révolte à lui n'était pas de manger du porc mais d'envoyer ses FILLES à la yeshiva, l'école juive, sans oser le dire à ses parents, qui étaient contre l'éducation des filles. Bravo à mon papa. On me dit souvent que je ne parle jamais de mon père. Parce que je n'ai jamais discuté avec lui. Je ne le connaissais pas. Il partait tôt le matin et rentrait tard le soir. Quand il était à la maison avec quatre femmes et filles, il était doux et bienveillant entre ses trois paquets de cigarettes par jour. Je ne suis pas sûre que ça lui soit jamais venu à l'esprit de manger la moindre miette de ta chair, cochonnet. À Dieu ne plaise !

Moi, je voulais être une sainte, une ange, une martyre, une sage, une juste, une séraphine, une guide, une rabbine, une chérubine, une pure d'esprit, une prophète, une mage. Tout ça restait dans le domaine des désirs, des vœux (pieux), des aspirations et des rêves.

Enfant qui voulait plaire à mes professeurs, j'allais dans leur sens en admirant cette mère héroïque (ou excessivement stupide !), Hannah, qui a sacrifié ses sept fils pour obéir aux lois de la cacherout. Voici l'histoire écrite dans le Deuxième Livre des Maccabées, chapitre 7, qui se passe autour de l'année 167 avant l'ère commune. Cette histoire qui est censée s'être passée pendant les persécutions religieuses des occupants grecs est racontée à l'occasion de la fête de Hanoukka, festival des lumières, en décembre. Elle me donnait des cauchemars.

Hannah se sentait bénie de Dieu d'avoir sept fils qu'elle élevait dans l'amour de la Torah et des lois. Fière de ses fils qui honoraient la tradition juive et obéissaient à la loi, fière de sa transmission réussie, elle s'attendait à vivre une longue vie de juste avec des petits-enfants à chérir. Une mère juive ne demande rien de plus. Son destin fut tout autre.

Le sort, les conflits, les guerres, l'antisémitisme s'entremêlaient. Elle fut saisie, attachée, avec ses sept fils, et amenée devant le roi Antiochus IV Épiphane, un tyran, un fou furieux déterminé à ce que ses sujets se conforment à ses normes. Il interdisait aux juifs de suivre leurs propres lois.

Toute personne en possession d'un rouleau de la Torah devait être exécutée. La circoncision, le shabbat et la nourriture casher devinrent des crimes passibles de condamnation. Les décrets de ce roi insensé furent appliqués impitoyablement. Si tu lis l'histoire juive, tu comprendras que cette histoire ne cesse de se répéter. Toi, cochon, tu étais souvent l'arme utilisée pour révéler notre judéité. Les marranes en Espagne (*marrano* veut dire « porc » en espagnol !) au Moyen Âge étaient forcés à se convertir ou bien mourir. Ils ont souvent accepté en continuant leurs pratiques juives en cachette. Si un espion les prenait en flagrant délit d'allumer les bougies de shabbat, ils risquaient la mort. La chose la plus difficile pour certains marranes était de manger du porc, mais si ce refus venait à être observé, ils risquaient une grave sanction.

Et ça a toujours été comme ça : les Antiochus, les Isabelle la Catholique, le pape Innocent III, Drumont, Hitler et tant d'autres. Soit on veut nous forcer à nous conformer, soit on veut nous faire disparaître, et toi, cochon, tu es le test : si on ne te mange pas, on meurt.

Privation et tentation : les odeurs sortant des chaudrons contenant la chair des cochons étaient terriblement attirantes pour les fils d'Hannah, TA chair. Ils n'avaient pas mangé de viande depuis longtemps car l'abattage rituel était proscrit. L'envie était trop dure à ignorer. (C'est comme moi quand j'arrive à fuir le diktat de mes petits-enfants végans.)

Les soldats mirent une assiette irrésistible, parfumée, épicée, abondante devant le nez du fils aîné en lui ordonnant de manger. Au départ, ils empruntèrent une méthode douce pour l'encourager à avaler ce qui était pour lui une abomination. Il s'obstina à refuser. « Ce n'est pas la peine d'insister, vous vous fatiguez pour rien. » Le roi enragé fit couper sa langue, ses mains et ses pieds, qu'on jeta au feu. Ce n'est pas un conte de fées. Il pensait en faire un exemple et tortura le jeune homme devant sa mère et ses six frères. Ainsi, il était sûr d'obtenir leur entière soumission. Chaque fois que j'entends une histoire d'héroïsme et de résistance sous la torture, je me demande comment j'aurais réagi : lâche ou courageuse ? (Je crains savoir que je n'aurais pas été héroïque.)

Le roi n'eut pas plus de chance avec le suivant. Et malgré la tentation et l'appel du creux des estomacs, malgré la certitude de mourir dans les pires souffrances, un à un, six sur sept des fils ne succombèrent pas au désir du roi de prouver que son Dieu était plus fort que le leur. Est-ce que Dieu aurait approuvé ce duel ? Hannah assista à la mort brutale de six de ses sept fils. Avoue que rien ne pouvait être pire pour une mère.

Arrivé au septième, le plus jeune fils, le roi conseilla à Hannah d'intervenir, de l'encourager à manger le porc, car mieux vaut un porc que la mort, n'est-ce pas ? Elle lui parla donc, non pas pour le persuader de manger l'immondice, mais pour lui dire : « Je t'ai porté dans mon ventre, je t'ai nourri et je t'ai appris à respecter Dieu et sa Torah. Aie confiance en Lui. » La seule intervention divine opportune dont j'ai connaissance est celle où Abraham s'apprêtait à plonger un couteau dans la poitrine de son fils unique, Isaac, et où Dieu envoya un ange pour arrêter son geste. OUF ! Le dernier fils d'Hannah était petit et tellement attiré par cette nourriture qu'il faillit céder. Il ne voulait pas mourir comme ses frères, il voulait vivre et apporter du réconfort à sa mère. Mais il fut encore plus torturé que les six autres tellement le roi était furieux.

Hannah finit entourée des corps de ses fils. Elle mourut juste après, en se jetant du toit, ou sur le feu ou on ne sait pas exactement comment puisqu'on n'a pas de témoins. Elle est pour l'éternité aux côtés de ses fils martyrs… ou pas !

Ma mère nous martyrisait à sa façon. Elle était une piètre cuisinière mais une pâtissière d'enfer, non pas pour ses filles grassouillettes, mais pour d'éventuels invités. Elle ne cuisinait pas un seul gâteau, mais une surproduction de spécialités pour une armée et demie. Tout ce qui sortait du four laissait un parfum envoûtant mais disparaissait dans toutes les cachettes des trois étages. Était-elle si naïve de penser qu'on ne connaissait pas ces recoins où elle posait ses trésors de farine et de sucre ? Pourtant, quelles étaient sa consternation et sa colère de découvrir que ses petites souris malines avaient tout englouti. Ne savait-elle pas que la tentation était trop forte et ne voulait-elle pas nous tenter ?

Comme pour les gâteaux, je t'assure que si on avait mis un plat de bacon devant mes sœurs et moi, rien n'aurait pu nous sauver de l'ignominie de sauter dessus et de l'engouffrer dans nos grandes bouches.

Tu vois jusqu'où on peut aller pour échapper à ta chair, cochon ? Mais je n'ai pas vraiment gobé cette histoire. N'est-ce pas plus important et essentiel de rester en vie ? N'y a-t-il pas des exceptions qui permettent d'ignorer la loi ? Pour survivre, on peut négliger les commandements, car la vie est plus sacrée que la loi. On peut outrepasser la cacherout dans une situation de survie, mais on n'est jamais autorisé à commettre un meurtre, ou l'adultère, ou l'idolâtrie.

J'ai toujours été troublée par cette histoire d'Hannah et de ses sept fils car j'aurais choisi ta chair plutôt que la mort. Si j'admire la force de caractère, je trouve l'exemple stupide ! Pourquoi nous offre-t-on cette histoire comme modèle d'héroïsme ? Pour moi, c'est tout le contraire.

Mais Hannah est remontée dans ma mémoire : j'étais Hannah quand un collègue de Jacques, invité pour un dîner chez nous, se pointa avec un énorme jambon de Parme qu'il tenait comme un trophée, un cadeau chic et cher comme une offrande d'amitié. J'étais tellement horrifiée que j'ai hurlé, hystérique, lui intimant de rebrousser chemin et de remettre cette obscénité immédiatement dans sa voiture, tout en lui barrant l'accès à notre maison. Il ne comprenait rien et pensait que c'était une blague. Cet ami devint sur le coup un ex-ami.

Pourtant, je n'ai pas toujours été Hannah, loin de là. Hannah a gagné l'éternité dans cette fable censée nous montrer le chemin. Je préfère le maintenant à l'éternité ! Dans mon enfance, il y a eu des exceptions volontaires…

Mes sœurs me récompensaient (chantage) pour de menus services (esclavage) en me permettant de leur coller aux basques quand elles allaient à « *Rutt's Hut*, les meilleurs hot-dogs du monde » (Clifton, New Jersey) à un quart d'heure en voiture. Ma sœur aînée avait son permis. C'était placardé partout dans notre langue maternelle « pur porc ». On passait sur la bénédiction (puisqu'il n'y en a pas pour le porc !). On ouvrait grand la bouche et on fermait les yeux. J'avalais ma culpabilité avec chaque bouchée. J'étais l'otage des maléfices de mes sœurs. Pour nous laver de ta viande, on prenait la route vers le *Dairy Queen,* verser un bon milk-shake histoire de noyer le hot-dog pur porc, tant qu'à faire, puisque dans la cacherout on ne doit pas manger de produit laitier juste après la viande… Deux interdits en un jour. Et deux grands !

On rentrait à la maison dans un silence coupable à bord de la guimbarde de ma sœur. En arrivant devant la porte, on se nettoyait la bouche et on se soufflait les unes sur les autres pour tester nos haleines. « *Any traces?* » Leur dernière phrase était pour moi : « Si tu dis un mot à maman, t'es morte ! »

Je comprends pourquoi les catholiques pratiquent la confession. Je ne pouvais pas vivre avec moi-même, il fallait décharger ce poids, cette faute, cette infamie. C'était insupportable ! En même temps, je n'étais pas prête à affronter la colère de mes sœurs et il allait falloir payer le prix : ne plus jamais retourner avec elles à *Rutt's Hut*. Après ma confession, ma mère fut convenablement choquée, comme si elle ne le savait pas, comme si une fouille-merde de voisine ne nous avait pas vues et n'avait pas déjà rapporté le scoop à ma mère, comme si elle ne nous connaissait pas ! Mes sœurs savaient aussi que j'avais vendu la mèche, mais ne m'ont rien dit. On est toutes restées dans notre ignorance savante. Notre crime n'était pas de manger les hot-dogs pur porc, mais simplement de manger, car ces orgies n'allaient pas contribuer au rêve de ma mère : avoir des filles minces. Elle l'était et elle nous contemplait avec un tel chagrin impuissant, car on pouvait être intelligentes et douées, tout ce qu'elle voulait pour nous c'était la minceur. Je regrettai qu'elle ne fût plus de ce monde quand j'ai eu une taille de top-modèle après la chimio. Elle aurait aimé voir mon pantalon tomber sur mes genoux.

Je ne comprends pas pourquoi je voulais être, croire, faire croire, faire semblant que j'étais pratiquante, pieuse avec mon peu de foi. Je l'aurais été sans ton existence, cochon !

Mais le bacon ! Il me tue, et je tuerais pour en croquer. Car dans le meilleur des cas, c'est croquant, croustillant, craquant. Je suis sauvée en France parce qu'ici il n'y a pas l'art et la manière de le faire comme en Amérique. Oh, les buffets des petits déjeuners dans les hôtels, je chargeais mon assiette d'au moins trois montagnes de bacon et je me cachais dans le coin le plus sombre de la salle à manger. Quand j'étais dans un groupe, j'allais manger avant tout le monde. Et quand les autres arrivaient, je mangeais un deuxième petit déjeuner plus sage.

Et la charcuterie corse sur la table de Dan, mon meilleur ami, penses-tu que j'allais m'en priver ? Dan n'est pas dupe, il sait que je suis une horrible hypocrite.

Oui, ma maison est casher, mais mon estomac ne l'est pas.

Saint cochon et saint Nicolas

Évidemment, tu représentais l'infamie dans notre cuisine, mais tu partageais cette ignominie avec la grande fête chrétienne qui tombait tous les ans sans exception le 25 décembre. L'ombre qu'elle jetait sur notre maison durait plus d'un jour, à cause des mois de décoration, de chants et la course aux cadeaux. À Belleville dans le New Jersey, où j'ai grandi, toutes les maisons avaient des crèches, de taille humaine, des ampoules de toutes les couleurs, des pères Noël géants. Les propriétaires rivalisaient en kitsch pour le concours de la maison la plus originale. La ville entière était illuminée. On peignait l'école aussi avec des pères Noël et, au lieu d'éventuellement apprendre quelque chose, on créait des décorations pour les arbres de Noël.

Moi, j'étais privée de tout ça. J'aurais vendu mon âme pour avoir un arbre de Noël qui aurait été le plus original du monde. J'y aurais suspendu des fourchettes et des cuillères et d'autres objets insolites. J'étais rongée par la jalousie dans les maisons des copines avec leurs chaussettes géantes accrochées au manteau de la cheminée. J'adorais les gâteaux qu'elles faisaient en forme d'étoiles, de bonshommes, de croissants de lune. Je raffolais des chants de Noël que je chantais à tue-tête avec les autres sans prononcer le nom du bébé Jésus. Ma mère m'avait conseillé de dire « Jésus leur sauveur est né », au lieu de « Jésus mon sauveur est né ». Ça me libérait de mon excès de culpabilité d'aimer tant ces chants de Noël. J'aidais mes amis à faire des bougies et à emballer les cadeaux. Noël était si convivial et chaleureux au cœur de l'hiver enneigé du New Jersey, tout comme ton bacon croustillant et délicieux dont j'étais aussi (en principe) privée.

Noël m'a poursuivie adulte. Je ne sais pas comment ou pourquoi j'ai eu ces idées de livres. L'origine doit en être la frustration. D'abord il y eut *Barbamour*, un roman dans lequel une jeune fille juive trouve un travail comme père Noël dans un grand magasin. Elle pose dans son costume rouge avec une fausse barbe blanche et des enfants qui viennent payer la photo. Elle croit devenir folle et se demande ce qu'elle fait là, une juive dans cette société chrétienne.

J'ai toujours écrit depuis le moment où je savais écrire et même avant ! Je n'aurais pas songé à écrire sur Noël qui était aussi interdit que toi, mon cochonnet. Petite, j'écrivais des poèmes et des nouvelles, toujours sur le quotidien et la fantastique banalité de nos vies. J'ai toujours eu, et encore aujourd'hui, un cahier et un stylo à portée de main. Ni toi ni Noël ne figuriez dans mes écrits.

J'aurais préféré éviter cette plongée dans Noël pendant ma vieillesse, mais j'ai récidivé avec un album, *La Grève du père Noël*, illustré par mon amie américano-niçoise Theresa Bronn. Ça faisait longtemps que nous colportions cette histoire de maison d'édition en maison d'édition. Chaque éditeur avait une bonne raison de ne pas la publier. Mais *Nice-Matin* a été content de lui offrir deux grandes pages au moment de Noël. Un petit éditeur local, EFA, proposa ensuite d'en faire un livre (presque sans rémunération) et nous pensions qu'il valait mieux la faire vivre que l'enterrer dans un tiroir.

Theresa, qui avait prévu de l'illustrer avec des photos, a tout repris en dessin. Le livre raconte une fugue du père Noël pour cause de ras-le-bol, burn-out, dépression, fatigue. Il vient à Nice pour se vautrer dans le soleil d'hiver et trouver une meilleure idée à offrir aux enfants et à la planète.

L'éditeur a investi sa petite fortune et son cœur dans ce livre, et je me sentais obligée de le soutenir. Il a fait un lancement dans la bibliothèque Raoul-Mille à Nice. J'ai lu le livre pendant que Theresa dessinait. Il y a eu un buffet et nous avons dédicacé une grosse pile de livres. Même chose à la fête du livre de Mouans-Sartoux, grande foule et vente frénétique.

Plusieurs bibliothécaires et professeurs d'école nous ont invitées à répéter l'opération et nous avons accepté.

Je n'ai jamais autant fait la promotion d'un livre, et le malheur veut que ce soit un livre sur Noël, mon ancien et actuel ennemi. À chaque séance j'avais mauvaise conscience. Il vaut mieux avoir mauvaise conscience que d'être inconscient, n'est-ce pas, mon cochon ?

As-tu conscience de ce qui se passe ? J'imagine que pour toi Noël est une période dangereuse et menaçante. As-tu la moindre idée de ce qu'est la mort ? Est-ce que tu fais le deuil des amis qui partent avant toi ? Est-ce que tu sais que tu es né rien que pour mourir ? Dis-toi bien qu'au moins tu donnes ta vie pour le plaisir gustatif des humains.

Tu trônes sur la table dans toutes tes réincarnations : rôti, jambon, filet mignon, escalope, rouelle, jarret, pied, boudin. Je n'ai pas testé, mais si c'est vrai que tout est bon dans le cochon, tu donnes beaucoup : la tête, le museau, les joues et même les oreilles et la queue, la gorge, l'épaule, la poitrine, le plat des côtes, le travers, la longe, la cuisse. De tout cela je n'ai jamais goûté. Je détourne mes yeux quand tu es sur la carte des restaurants. Si tu es le plat du jour ou le plat unique, je déménage vers un autre restaurant.

À Noël, tu es donc une vedette avec la rouelle de porc braisée, le cochon de lait rôti, le filet mignon aux pommes et au cidre, le boudin blanc aux échalotes, le saucisson en brioche, le pâté en croûte, le jarret de porc caramélisé sauce au vin cuit, le mijoté de porc aux saveurs de Noël, la choucroute. Je t'assure, ça ne me dit rien.

Tu es aussi la star de la fête du cochon, la Saint-Cochon. Il n'y a pas beaucoup d'humains qui peuvent obtenir le statut de saint. Pour ton malheur, depuis la nuit des temps, c'est une tradition dans le milieu rural. Les traditions ne sont pas toutes bonnes. Et même pour moi qui ne suis pas ta plus grande fan, tuer le cochon ne devrait pas être une source de joie et un prétexte pour faire la fête. Chaque famille élève son pourceau avec des intentions meurtrières. On choisit un jour d'hiver pour mieux conserver ta viande et on invite les amis et la famille pour « la fête du cochon ». Enfin, ce n'est pas une fête pour toi ! Et de très bonne heure, un matin, on découpe et transforme ta carcasse fraîchement abattue, une opération qui demande de la main-d'œuvre. On met la main à TA pâte pour fabriquer des boudins, des saucisses et des cochonnailles variées pour les festins à venir.

Écoute, mon cochon, là je ne salive pas, je suis dégoûtée que la tragédie des uns soit la réjouissance des autres. J'ai lu tout un livre de Jonathan Safran Foer qui explique comment tu es élevé, toi et d'autres. Il s'intitule *Faut-il manger des animaux ?*. C'est une interrogation statistique et philosophique sur les mythes et les traditions dans le traitement des animaux.

J'ai aussi lu dans mon magazine préféré, *The New Yorker*, un article d'Elizabeth Kolbert qui écrit : *Pour les porcs, les conditions ne sont guère meilleures. Peu de temps après la naissance, les porcelets ont la queue coupée ; cela décourage les animaux qui s'ennuient et qui sont frustrés de se ronger la croupe. Les porcelets mâles ont également leurs testicules retirés, une procédure effectuée sans anesthésie. Avant d'être abattus, les porcs sont généralement neutralisés à l'aide d'un instrument semblable à une pince conçu pour provoquer un arrêt cardiaque. Parfois, leurs muscles se contractent si violemment qu'ils finissent non seulement par mourir, mais aussi par se casser le dos.*

Oh, pauvre cochon ! Tu as peut-être de la chance de ne pas savoir lire.

Tu vois, pour ma mère, le tabou des tabous n'était pas, comme dans beaucoup de familles, le sexe, car il était tellement admis que nous ne faisions pas ça avant de nous marier qu'il n'en était pas question. Ma mère nous faisait passer devant la sinistre institution pour les filles-mères en disant : « Voilà où vous finirez si jamais un garçon vous touche ! » C'était ça, notre éducation sexuelle. Ce tabou était trop improbable pour être pris en considération, trop lointain. Mais toi, tu étais proche, partout et probable. Toi, tu pouvais nous piéger dans le tabou des tabous. C'était bien plus facile de transgresser avec toi.

Sex, drugs and rock'n'roll

Je voudrais savoir comment c'est pour toi. Il y a sûrement un instinct, un élan, une sensation, mais c'est quoi exactement le sexe pour toi ? Est-ce que c'est uniquement pour la reproduction ? Est-ce que tu éprouves des sentiments pour ton ou ta partenaire ?

Pour nous, c'est tout un rêve, un entraînement imaginaire d'une vie entière. Le mot-clé est « amour ». C'est un mélange de magie, de sorcellerie, d'alchimie, d'envoûtement, de féerie, d'enchantement, de beauté, de charme, d'exaltation. C'est une musique en crescendo et diminuendo. C'est un tableau en couleurs vives, ou bien en noir et blanc, jamais gris ! Oh, je pourrais continuer longtemps…

J'ai toujours pensé que c'était un gigantesque cadeau du ciel.

Et puis j'attendais le prince charmant depuis mon enfance et je l'ai vu à Jérusalem, comme les prophètes d'antan, et ce fut lui, irrévocablement.

C'était le matin, le meilleur moment de toutes mes journées, le petit déjeuner, la rencontre avec le pain, le beurre et le café, mon repas favori. Il était loin, assis à une table, tout seul, mais Jacques rayonnait où qu'il soit. Je ne le savais pas mais il était tout seul à cette grande table parce qu'il aimait démarrer sa journée dans la solitude béate de ses pensées. Si l'image du couple pour moi n'était pas au lit mais à de joyeuses retrouvailles au petit déjeuner, ce n'était pas possible avec Jacques. J'ai vite appris à attendre la fin du sien pour prendre le mien. Ce jour-là, il n'avait pas l'air troublé par mon invasion de son intimité avec mon houmous et ma pita.

Il n'y avait pas pénurie d'hommes autour de moi, jeune Américaine pas trop moche et très chaleureuse. Mais à partir du moment où Cupidon a visé ses flèches au centre de mon cœur, il n'y avait que lui. Je ne sais pas pourquoi, on n'interroge pas l'amour, pas de pourquoi et pas de parce que. Je n'étais pas impressionnée par son intelligence dans tous les domaines parce que je ne comprenais pas un mot de ce qu'il disait. Il était polytechnicien mais je ne connaissais pas cette ligne de prestige dans un CV. Il était un prophète, un mystique, un extraterrestre. Son mystère m'enveloppait.

Il n'est resté que trois jours à ce congrès de mathématiques, philosophie et logique de la science, et puis plus un seul mot jusqu'au jour où j'ai reçu une lettre m'invitant à passer par Paris sur mon chemin de retour aux États-Unis.

À Paris nous avons marché en nous tenant par la main tout en chantant les chants des pionniers d'Israël. Pas de discussion des profondeurs de l'âme, ni du corps. Nous sommes partis rencontrer ses parents à Nice. Le matin dans le train, nos mains étaient soudées comme un pont entre sa couchette et la mienne.

Une année universitaire était passée quand il vint sonner à la porte, au 32 Elmwood Avenue, Belleville, New Jersey. Avant d'entrer dans la maison, ma mère l'informa qu'elle pourrait organiser un mariage d'ici deux semaines. Jacques a dit : « Faites-le alors ! » J'étais la dernière de ses filles à marier. Ouf ! J'avais 21 ans.

Le soir du mariage à Verona, New Jersey, nous sommes partis à Manhattan pour mon premier affrontement avec cette histoire grandiose et mythique de sexe.

Je pense que je ne lui ai jamais dit, mais dès que je quittais la chaleur de sa peau, j'attendais une nouvelle nuit avec lui toute la sainte journée. C'était la récompense de toutes les contrariétés et de toutes les frustrations. Quand Jacques rentrait, quand il apparaissait dans la maison avec toute son obscurité dépressive, une lumière s'allumait. Mon cœur qui allait partout avec moi vibrait en permanence. Faire l'amour, cela pouvait aller de l'acte sexuel, qui était toujours un acte spirituel pour nous, à la lecture côte à côte au lit ou, à la fin de sa vie, cela pouvait être tout simplement lui tenir la main dans son lit d'hôpital.

Après une année où il s'accrochait à Proust comme patrie, j'ai vu qu'il était trop mal à l'aise chez moi, alors je l'ai suivi chez lui avec bébé Lili à la remorque. J'ai quitté ma mère, mon père, mes tantes, mes sœurs, mes amis, ma langue, les grands parkings, l'espace, le yiddishkeit (une façon d'être juif), pour Jacques, en pleine inconscience car je ne savais pas où j'allais et sur quoi j'allais tomber. Naïve et folle, stupidement amoureuse, je me suis installée à Nice avec Jacques et bébé Lili sans connaître un mot de français et avec le petit salaire de prof de mon mari. Je ne me suis même pas rendu compte combien c'était difficile. Je ne le referais pas mais je ne l'ai jamais regretté. Et combien ça a dû être pénible pour lui de vivre avec une immigrée qui ne comprenait rien de rien. Il m'a poussée, tirée, bousculée, entraînée, encouragée sans indulgence. J'étais un bon sujet assujetti à sa volonté.

Je ne suis pas mal tombée avec ce Jacques, cette ville de Nice splendide. Je planais avec cet homme et ce bébé sous le soleil. Je ne voyais pas ce que je pouvais demander de plus, à part ma famille.

Tu ne sais peut-être pas, cochon chéri, que je suis une autrice de livres jeunesse. Un jour mon amie Jacqueline Duhême, illustratrice, alors âgée de 94 ans, m'a demandé (et j'étais dans ma septième décennie) d'écrire un livre sur le sexe. Elle voulait l'illustrer et elle avait commencé par un tableau comparatif des pénis.

Jacques n'était plus là pour corriger et me donner son avis indispensable.

J'ai écrit le livre et Jacqueline l'a aimé, mais j'ai réfléchi et je suis arrivée à la conclusion qu'il ne fallait pas devancer les questionnements des enfants. J'ai donc décidé de ne pas les embêter avec cette grande affaire de sexe avant qu'ils ne posent la question.

Tu es donc le premier à qui je montre ce texte qui n'est jamais devenu un livre.

« Sexe » n'est pas un gros mot
Mais chut ! C'est un grand secret.
Et c'est un immense cadeau !

« Plus tard tu vas comprendre »
Disent les grands
Mais jusqu'à quand faut-il
attendre ?

Pas la peine de rougir
Il n'y a aucune honte
Mais… laissons le temps venir.

(D'abord, aucun de nous ne serait là
S'il n'y avait pas le sexe.)
Que serions-nous sans ça ?

À moins de croire qu'on naît dans
des choux
Ou livré par une cigogne
Il faut juste savoir qu'on arrive par
un chemin fou et très doux.

Et on arrive tout nu !
Mais on se promène habillés
N'est-ce pas un peu superflu ?

On a le droit de s'intéresser
Pourquoi pas poser des questions
On peut vouloir explorer.

Être ouvert, ne pas tout cacher
Parler mène à voir
Surtout ne pas se gêner.

Le sexe est donc une activité utile
Et agréable
Pas trop difficile.

Il y a un risque cependant,
l'amour est fragile
Mais ce n'est jamais la fin du monde
Des fois c'est juste quand même
difficile.

Le sexe est souvent lié à l'amour
On dit « faire l'amour »
Simple comme bonjour !

Entre un homme et une femme
Entre deux hommes
Entre deux femmes.

Le sexe concerne les corps,
Organes mâles ou femelles
Une richesse de trésors.

Des yeux, des nez, des vagins, des
pénis
Il s'agit aussi de l'œuf et du sperme
Des bras, des jambes et des cuisses.

Peu importe la forme et la taille
Rond, maigre, plein ou plat
Ni jeux Olympiques, ni médailles.

Chacun trouve chaussure à son pied
Le sexe n'est jamais démodé
Tout le monde est qualifié.

Ça a commencé aux temps
préhistoriques
Et puis l'Antiquité, le Moyen Âge
et les Temps modernes
Énergique et bien physique.

Le sexe est une caresse
Pour tout le monde
Un ballon de tendresse.

Il touche à tous les sens
et à chaque fibre
Le toucher, l'odorat, la vue, l'ouïe
Un ballet splendide qui vibre.

Le sexe est pur plaisir
C'est un doudou pour grands
Un soleil de sourires.

Le sexe est lié au désir
Ça travaille comme un aimant
Un mystère à éclaircir.

Les garçons et les filles
Sont différents
Mais le sexe les unit.

Tout le monde y a droit
Ça bouillonne de chimie et
de nature
Lui ou elle et toi.

En forêt ou sous la couette
Sous le ciel ou derrière une porte
N'importe comment c'est très
chouette.

Pourquoi dit-on « tomber
amoureux » ?
Parce qu'on peut effectivement
tomber
Et on peut faire éteindre le feu.

Le grand amour, on en rêve
C'est l'aventure grandiose
On tombe et on se relève.

L'amour exige le respect
Garder sa dignité
En étant toujours correct.

Se tenir par la main, un bisou sur
la joue
Pour un bébé : sucer son pouce
Ou même entendre « mon
chouchou ».

CŒUR DE COCHON

Un baiser, deux baisers
Smack, smack, smack !
Trémousser sans s'épuiser.

Pour l'attirer on se sape
On se lave les cheveux
Et on l'attrape !

Il faut de l'audace
Pour crier son amour
En étant vorace et tenace.

Il n'y a pas d'âge
Pour être amoureux
Oh, quel beau voyage !

On ne peut pas acheter l'attirance
Dans un magasin de jouets
Il faut quand même de la chance.

Les ingrédients : un peu de folie
Une quantité de câlins
La rigolade et l'alchimie.

Ça te rend bizarre et lumineux
Et terriblement vivant
Oh, c'est si bon d'être amoureux !

Ça t'amène sur la lune
Ça fait pousser des ailes
Pour voler vers la bonne fortune.

Sentiments et sensations
Le cœur qui bat plus vite
La meilleure des récréations.

On peut écrire une lettre
Marquée « Je t'aime ! »
À qui la transmettre ?

On peut faire une potion
De rires et d'eau fraîche
Ou un sandwich d'émotion.

Le sexe est une machine
Faut l'entretenir
L'invention vitamine.

Ça peut durer quelques minutes
Ou toute une vie
Attention aux disputes.

Ça peut être triste avec du chagrin
Arrosé par des larmes
Il y a un début et des fois une fin.

Il y a waouh, il y a badaboum
Puis ça recommence
Vroum, vroum, vroum !

Jacqueline Duhême est morte à 96 ans. Je lui rends hommage avec ce texte qui ne deviendra pas un livre pour enfants, juste un long poème pour un cochon.

Affliction et libération

Jacques et moi ne parlions certes pas la même langue, mais sans même nous concerter, nous avons installé une maison casher, ponctuée par le shabbat et les fêtes. J'ignorais sa réponse à la grande question (est-ce qu'il croyait en Dieu), sa belle voix psalmodiant les prières et les bénédictions me manquera jusqu'à mon dernier jour sur Terre et même sous terre. On n'avait pas à l'époque les téléphones pour photographier et enregistrer. On ne sait pas qu'on va mourir à cet âge-là plutôt qu'un autre.

Si on n'était pas d'accord sur l'école et certaines pratiques que je trouvais trop bizarres en France, on était tout à fait en harmonie quant à notre judaïsme. Je suis presque sûre qu'il n'a jamais goûté ta chair.

Une seule fois, j'ai dévié de mes devoirs de femme soldat. Le vendredi était consacré à préparer shabbat. Ce jour-là, la journée avait commencé comme il faut. Les enfants étaient partis à l'école, Jacques au travail. Je n'avais pas cours le vendredi. Je suis allée au marché, mes grands paniers étaient pleins. Seulement, j'ai fait un détour par le musée Chagall pour dire bonjour à des amis et des éditeurs qui lançaient un livre sur le peintre. (J'ai écrit longtemps après mon propre livre sur le peintre : *Chagall se marie.*) J'ai posé mes paniers et j'ai suivi la visite guidée. Et puis devant le bus où tout le monde montait, j'ai dit un triste au revoir. Et voilà qu'une amie m'invitait « Viens avec nous ! » et le diable en personne me poussait dans le bus, un panier dans chaque main. Je suis donc partie à la chapelle Sainte-Roseline voir une mosaïque de Chagall et manger avec eux.

Mais qu'avais-je donc fait ? J'avais conscience d'une terrible transgression, d'un repas de shabbat qui ne serait pas prêt, d'une famille abandonnée, y compris ma belle-mère qui vivait avec nous.

C'était un rêve, ce déjeuner gastronomique et ce monde de l'édition que j'avais à peine commencé à fréquenter. Je savais qu'ils allaient reprendre l'avion à 19 heures. On n'avait pas de téléphones portables pour avertir. J'ai couru à bout de souffle jusqu'à la maison où Jacques était livide, fou d'inquiétude, convaincu que j'étais morte, mais pas pour autant soulagé et heureux de me voir. Si je n'étais pas morte, il n'y avait aucune excuse. Il contenait sa colère. Ils avaient tous faim.

Shabbat est sacré.

Pour compléter ton éducation juive, je te parlerai de la Pâque juive : une fois par an, nous n'étions pas simplement casher mais méga super hyper casher et sans la moindre pensée de dévier vers les territoires interdits. La Pâque juive était un véritable déménagement sauf que l'on restait dans la même maison, alors c'était plutôt comme jongler entre le vieux sale et le nouveau propre. Dans toutes les sociétés on appelle ça le grand nettoyage de printemps, mais chez nous, c'était la révolution de printemps. Les pièces devenaient des labyrinthes où les piles de livres ressemblaient à des gratte-ciel en train de s'écrouler et des objets dont l'existence était jusque-là insoupçonnée s'amoncelaient. Les armoires et les tiroirs étaient étripés, les bureaux déshabillés et la poubelle s'enrichissait de vieilles lettres triées et condamnées avec remord et détermination.

Ce qui était assez joyeux dans mon enfance, car j'aimais tant l'intimité et la convivialité de ces corvées avec ma mère et mes sœurs, est devenu un supplice pour moi dans mon isolement français. Mon cœur était sur un autre continent avec cette clique vénérée nommée famille. L'éponge collée à ma main ne pouvait pas absorber toutes mes larmes qui coulaient sur le foie haché et sur les boulettes de farine de matza. Si les larmes aidaient à laver la montagne d'épinards, les laitues romaines, le persil et le céleri, j'étais grincheuse et méchante pendant tous les préparatifs, surtout vis-à-vis de mon mari, Jacques. Pourquoi lui ? Parce que tout ça était de sa faute, c'est lui qui m'avait kidnappée et privée de ma famille adorée. Cette amertume et ces ressentiments ressortaient surtout pendant les périodes de fête. Et peut-être aussi parce que pendant que je récurais avec ferveur la maison, chassant chaque miette de hametz, lui lisait intensément son journal *Le Monde*.

Jacques brûlait le hametz avant la fête. Il suivait la tradition. On n'en parlait pas, on s'exécutait. J'aimais faire des grandes fêtes à Hanoukka, à Pourim, pour les amis juifs tellement assimilés qu'ils ne savaient même pas ce que l'on fêtait. J'étais un peu missionnaire et j'avais envie d'enseigner et de prêcher. En vérité, j'aurais aimé être rabbine, avant que ce soit possible. Pour Jacques, c'était intime et entre nous. On se disputait amèrement. Il disait que ce n'était pas un spectacle. Même les amis ignorants devenaient « hametz ».

« Hametz », je ne sais pas qui pourrait comprendre mais voici la définition : *Nom hébreu : un aliment dont la consommation est interdite aux juifs pendant la fête de la Pâque, en particulier un aliment cuit au four, comme du pain ou un gâteau, fait avec du levain ou un agent levant. Un plat, un ustensile de cuisine ou similaire utilisé pour préparer ou servir de tels aliments et dont l'utilisation est également interdite pendant la Pâque.* Tout ce qui est fait avec des céréales comme le blé, l'avoine, le seigle, l'orge et l'épeautre. La campagne contre le hametz ressemble à une chasse aux sorcières. En tout cas, c'est de la sorcellerie !

J'ai aussi eu la pire dispute de ma vie avec mon gendre Philippe qui est l'homme le plus gentil et serviable du monde, un véritable ange, que j'aime pourtant de tout mon cœur. Après tout mon travail pour nettoyer ma maison de ce hametz néfaste, après les repas rituels et notre grande communion et complicité autour de la sainte table, il est sorti avec ses enfants le lendemain et leur a acheté des crêpes. Hametz ! Il a saboté toutes mes tentatives de transmission. Ils sont revenus tout joyeux et rassasiés. Je voulais les tuer ! Et le pauvre Philippe ne pouvait certainement pas comprendre ma rage. Ses enfants voulaient des crêpes, il leur avait acheté des crêpes.

Tu ne connais évidemment pas Karl Marx dont le nom de famille a donné le marxisme, mais longtemps avant qu'il ne soit un philosophe qui a grandement impacté les événements sociopolitiques à travers le globe, il était un jeune garçon dont les parents juifs se sont convertis au christianisme. Navigant entre son passé juif et son présent luthérien, Marx a inventé une pratique culinaire bizarre. À la veille de la Pâque, Karl visitait le ghetto de Trèves et la maison de son oncle Jacob où on s'occupait de mettre au four du pain azyme (matza). Karl ramenait à la maison de la matza et la mangeait avec de minces tranches de porc. Sa mère Henrietta, pourtant convertie, avec réticence s'écriait « Sacrilège ! » et attendait la rage de Dieu. Ce « sandwich Karl Marx » représentait son identité. Le cochon n'était pas seulement l'identité chrétienne, mais aussi le plus grand tabou juif. Pour Karl Marx, ce sandwich était un pont entre son passé et son présent. Ou peut-être avait-il simplement faim ?

Après cette anecdote sur ce sandwich dégoûtant, il faudrait te raconter un peu la

Pâque juive qui fête la sortie d'Égypte des Hébreux après les dix plaies infligées aux Égyptiens et le parcours de l'esclavage à la libération. Tu vois, avant l'exode, les Israélites devaient se presser pour quitter le pays de peur que le pharaon ne change d'avis. Ils n'avaient pas le temps de faire lever le pain, alors comme eux, nous mangeons pendant huit jours le pain non levé, c'est-à-dire, le pain azyme. Ce « pain » appelé « le pain d'affliction » ou la « matza », plat et sans saveur, incarne l'humilité. Il a le goût des miracles et une dimension spirituelle, car le hametz représente aussi nos ego gonflés. Si on s'en débarrasse, on peut atteindre la sphère des miracles.

Pessah dure huit jours et commence par un repas rituel pendant lequel nous lisons un livre, la Haggadah de Pessah, qui raconte toute l'histoire de l'exil magique d'Égypte dans un patchwork de textes plus ou moins compréhensibles. Les traductions de l'hébreu nous ont toujours fait rire. *Agace-lui les dents* ? Chaque convive lit à tour de rôle ce livre biscornu. J'ai toujours voulu réécrire la Haggadah, pourquoi ne l'ai-je pas fait ? Enfant, l'attente pour manger était longue avec mon père qui lisait chaque maudit mot et on n'arrêtait pas de dire à notre chef : « Plus vite, papa ! Pitié ! » Une fois, ma petite-fille Yona a trouvé sur Internet un *speed seder* de dix minutes.

Et c'est précisément pour ce repas, le séder, que je mettais la table avec de la vaisselle que je n'utilisais qu'une fois par an à Pessah. J'étalais la nappe blanche brodée main comme si je tapissais mon cercueil. Au milieu il y avait le plateau de Pessah avec tous les éléments rituels : l'os, l'œuf, les herbes amères, le mortier, le céleri, l'eau salée et les trois matzot. À ce stade, la maison propre, le repas prêt, je poussais un soupir de soulagement après cette course contre la montre. Je me sentais pure et c'était bon. J'avais atteint le but, et comme pour beaucoup de buts, est-ce que toute l'angoisse, le sérieux et la gravité avaient vraiment été nécessaires ? Quatorze personnes pouvaient s'asseoir confortablement autour de la table, mais cette année-là, Jacques ne voulait pas d'invités. Et moi si !

Rancunière, je chantais « *Ha lachma anya* » qui invite les affamés à venir manger.

Voici le pain de l'affliction que nos ancêtres ont mangé dans le pays d'Égypte. Que tous ceux qui ont faim entrent et mangent ; que tous ceux qui sont dans le besoin entrent et célèbrent la Pâque. Cette année nous sommes ici, l'année prochaine soyons dans le pays d'Israël. Cette année nous sommes esclaves, l'année prochaine soyons des hommes libres. Je voulais tant partager ce repas comme la coutume le demande.

À travers les quatre questions rituelles et à mi-parcours des quatre coupes de vin, je persistais à pester contre le monde et mon mari tout en servant les produits de mon long labeur compliqué.

La tradition veut que l'on coupe en deux la matza et que le meneur du repas la cache. On ne peut pas finir le rite sans ce piètre « dessert », l'afikomen. Normalement les enfants trouvent la cachette et font un chantage pour échanger cette misérable demi-tranche de pain azyme contre le cadeau de leur choix. L'afikomen est une baguette magique.

Jacques posait la question répétée chaque année : « Qui a pris l'afikomen ? » Ça devait être la première fois dans l'histoire de Pessah que la mère (moi !) volait l'afikomen de ses enfants. Il me le fallait ! Je faisais durer le suspense. Il demanda à chaque enfant qui l'assura qu'il ne l'avait pas.

J'ai affiché le sourire de quelqu'un qui sait enfin ce qu'il veut.

« C'est moi qui l'ai. »

Ça n'amusa pas du tout Jacques. Il venait de m'acheter des boucles d'oreilles avec des diamants et quatre pneus pour ma vieille guimbarde. Que pouvais-je vouloir de plus ?

J'ai fait durer l'agonie. Il s'énerva. « Veux-tu rester assise ici toute la nuit ? Je te donnerais n'importe quoi. Qu'est-ce que tu veux ? »

Et j'ai crié comme un enfant perdu dans un grand magasin : « Je veux ma maman ! »

Bienvenue à la synagogue

Les fêtes étaient tellement liées à mon enfance dans un autre pays, un autre système, un autre monde, en communauté, que ce qui était la coutume dans une continuité devenait un pénible rappel que je n'étais plus une enfant mais une adulte « responsable ». Et seule ! Jacques participait spirituellement, mais moi, je faisais les fêtes matériellement, courses, cuisine et tout le reste.

Si le Nouvel An évoque pour la société laïque une fête joyeuse, une table gastronomique (à laquelle tu contribues avec ta chair), une soirée amplement arrosée, c'est plutôt solennel pour nous. Le Nouvel An juif tombe en automne et, bien que ça commence par un repas abondant, c'est teinté de repentir pour nos péchés, de prières pour demander pardon, une incitation à faire le bilan de sa vie, une psychanalyse de quarante-huit heures, il faut réfléchir à la vie et à la mort – avoue qu'on risque l'indigestion.

Rosh Hashana, la tête de l'année, commence la veille de deux jours supposés être passés à la synagogue à prier pour une année de bonne santé, de prospérité, de justice, de paix. Je n'aimais pas aller à la synagogue de Jacques, rue Blacas, qui fut fondée par son père revenu d'Auschwitz. Les femmes à l'étage, loin de l'action, avaient une vue plongeante sur les hommes, dans le feu de l'action. Les femmes dans ce poulailler caquetaient. Il y avait toujours un homme pour nous silencier. À la mort de Jacques, j'ai fondé avec d'autres une synagogue Massorti où les hommes et les femmes s'asseyaient ensemble et où les femmes étaient au cœur des prières.

Et comme la tête commande le corps, la tête de l'année influence nos actions et nos attitudes pendant toute l'année. C'est l'anniversaire du monde à partir de la création d'Adam et Ève. On arrête tout travail, on allume les bougies, on écoute au début des deux matinées la sonnerie du shofar (corne de bélier) qui nous réveille de notre paresse morale.

Pas de serpentins ni de confettis, c'est un grave tribunal où nous passons devant notre juge suprême comme un troupeau de brebis pour qu'il soit décrété par la cour céleste qui va vivre et qui va mourir. Je t'ai dit que ce n'était pas la joie !

Nous sommes dans l'année 5785. Tu vois, nous sommes bien vieux !

Pour la femme (et peut-être quelques hommes, mais je n'en ai jamais rencontré), ça commence chez le boucher casher, scène de drames et d'hystérie collective et individuelle à se morfondre en attendant trois éternités, alors qu'on a vraiment d'autres chats à fouetter la veille d'une fête. Même si on se sert de cette invention géniale – le téléphone – pour passer commande, il est rare que la commande préalablement enregistrée soit prête. Il est rare qu'un boucher casher ait une occasion pareille d'exploiter son pouvoir de martyriser sa clientèle. Et je soupçonne ses clients de ne manger casher que pour les fêtes ! Ce qui n'est pas très casher ! Je suis indignée.

Et la dame juste devant moi est en train de liquider TOUT l'étalage avec ses trois kilos de ci et deux kilos de ça, ses cinq poulets, ses rôtis de veau, mon niveau d'angoisse est à ses limites supérieures. C'est sûr qu'il ne restera rien pour moi et mes pauvres miens. Pendant ces moments-là, je pense à toi et combien ce serait plus facile d'aller chez un boucher pas casher ou un supermarché et choisir en libre-service, remplir le caddie et rentrer sans stress. Qui saurait la différence ? Ou à la rigueur, laisser tomber la rigueur et acheter des plats déjà préparés chez un traiteur. Sacrilège ! Je ne peux pas !

En fille de Dieu et de la tradition très obéissante, j'attends mon tour et je prends ce qui reste.

Je cuisine ma vertu, assurée d'être sur le chemin du paradis. Mon mari rôde avec sa liste de contrôle mentale et verbale.

— Tu as les chalot rondes (pains spéciaux pour les fêtes) pour assurer une année bien ronde ?

Je ricane.

— Tu as les pommes à tremper dans le miel pour une bonne et douce année ?

— Évidemment !

— Tu as la tête du poisson pour souhaiter une bonne année avec toute notre tête ?

— Bof !

— Tu as la grenade pour que nos mérites soient nombreux comme les graines de la grenade ?

— ...

— Tu as acheté les dattes, les haricots blancs, la betterave, la courge ? Certains font la fête des saveurs, nous ne goûtons que des symboles.

— Tout cela ne figure pas dans la tradition de MA famille !

Il m'énerve, mais combien j'apprécie quc nous soyons malgré tout de la même culture et sur la même longueur d'onde.

D'une façon ou d'une autre, je réussis les multiples tests et nous sommes autour de la table, avec sa nappe blanche. Il y a une atmosphère sacrée empreinte de bouffées d'espoir. Il y a une atmosphère de spiritualité et de béatitude, récompense d'avoir fait les choses comme il faut.

J'aime la cérémonie de Tachlikh, le premier après-midi de Rosh Hashana. Figure-toi que nous jetons nos péchés dans la mer. C'est bien commode. Pauvre mer polluée par nos péchés ! Si tu n'as pas une mer ou un lac ou une rivière, tu peux les jeter dans une flaque. On commence la prière par *Qui est comme Toi oh Dieu ?*, même si on n'y croit pas, on y croit et on le remercie d'effacer, de noyer nos petits crimes et de recommencer à neuf.

On retourne nos poches dans la mer en secouant nos vêtements comme nous nous secouons pour déverser les péchés de notre âme. Je ne sais pas combien de kilos de péchés sont dans mes poches. Mais après, on est bien plus légers !

Rosh Hashana finie, je me mets à m'angoisser pour Yom Kippour, le jour du Grand Pardon, car c'est un jour de jeûne. Si certains gourous et nutritionnistes préconisent le jeûne comme pratique saine, pour moi, c'est l'agonie. Mais pour rien au monde et même sous la torture je ne mangerais une miette ce jour-là. On pourrait mettre une montagne de bacon croustillant sous mon nez – plutôt mourir que le manger, pas une goutte d'eau, pas une bouchée de pain, pas une patate. Rien ! Mon estomac grogne et grince sans cesse. C'est simple, je déteste ce jour où tous les plaisirs de la vie sont interdits pendant vingt-cinq heures (du coucher du soleil à la tombée de la nuit le lendemain). Interdit de boire ou de manger, de se maquiller ou se parfumer, de se laver, de faire l'amour, de cuisiner, d'aller au cinéma, de travailler…

Quand on était petites, on jeûnait jusqu'à 13 heures et puis ma mère nous signalait de venir au point de rencontre et sortait de sa poche honteuse des œufs durs qu'on mangeait dans les toilettes. Les meilleurs œufs durs de ma vie. Mais l'année de mes 12 ans, la majorité religieuse pour une fille, il était temps pour moi aussi de jeûner pendant vingt-cinq heures !

Avant d'aller à la synagogue, nous mangions un repas en nous dépêchant au point de nous étouffer sur le gefilteh fish, nous nous brossions les dents et faisions la course pour entendre les premières notes de la prière chantée trois fois, le kol nidre. Dès la première minute, je commençais à avoir soif.

Une petite éternité plus tard on rentrait à pied jusqu'à la maison sombre. Il était interdit d'allumer la lumière. L'avenir immédiat était noir.

Mes rêves n'étaient qu'un défilé de pâtisseries.

Pas de petit déjeuner pour démarrer ta journée, juste des prières, des confessions, la lecture des rouleaux de la Torah. Il n'était que 10 heures et j'avais faim !

Autour de moi, à la synagogue, les gens frappaient leurs poitrines avec des poignées de reproches en répétant leurs péchés :

— Nous avons commis vol, extorsion, falsification, porté de fausses accusations.

— Nous avons trompé, escroqué, abusé, induit les autres en erreur.

— Nous avons éprouvé du mépris envers les autres, les avons outragés, calomniés, diffamés.

— Nous nous sommes laissés aller à la provocation, à la révolte, à la haine, à l'insolence.

— Nous nous sommes raidis sur nos erreurs, avons été odieux, fourbes, menteurs.

Toute la journée on se frappe la poitrine et on répète ces péchés. Il y a cinquante-six péchés en tout (croyez-moi, je les ai comptés). Et avec tout ça, seulement dix minutes étaient passées ! Et j'avais faim ! On récitait ensuite la prière des endeuillés pour leurs morts et je pensais : « Est-ce qu'on peut vraiment vivre sans nourriture ? » Je déprimais. On m'avait bien dit que c'était édifiant d'avoir faim parce que nous pouvions penser aux gens qui n'ont pas assez à manger pour nous donner envie de les aider. Dans le Talmud, il est écrit que quand une personne mange et boit, elle n'a qu'un seul cœur, pour elle seule, tandis qu'avant qu'une personne ne mange et boive (pendant un jeûne par exemple), elle a deux cœurs, un pour elle-même et un pour tous les gens affamés.

Je ne suis pas d'accord : quand je ne mange pas, je me sens mal et je ne suis pas bienveillante envers l'humanité. Je n'ai pas deux cœurs, j'ai six estomacs ! Mes yeux sont un estomac, mon cerveau est un estomac, mon cœur est un estomac, ma bouche est un estomac, mon corps est un grand estomac. Et mon estomac est un estomac. Et ils ont TOUS faim.

Et puis ils sortaient les rouleaux de la Torah et lisaient l'histoire de Jonas qui fuit Dieu et se fait avaler par une baleine et tout ce que j'entendais était un gros ventre qui a faim.

Tu as compris, cher cochon, que je n'apprécie pas beaucoup cette fête de famine, même si le temps finit par passer et que l'on est après tout bien fier d'avoir enduré l'abstinence.

N'empêche que ces fêtes et ces contraintes ponctuent ma vie et donnent une signification à mon existence sur Terre. Et puis ma mission était de transmettre cet héritage culturel et religieux à mes enfants. Comme ont fait mes parents. Je ne me posais pas la question de la foi !

Veuve d'un mari mais pas de la vie

Tu sais que je suis veuve, un mot que je trouve laid et un état malheureux. Jacques, pour qui j'ai quitté mon pays, ma langue et ma mère, est mort à 54 ans, et si pour toi ce serait une longue vie, pour lui c'était bien jeune. Il n'a pas vécu suffisamment longtemps pour connaître ses petits-enfants et arrière-petits-enfants comme moi, la chanceuse. Il a loupé tant et tant de bons moments (et quelques mauvais). Il est parti en plein essor, alors qu'il était en train de trouver ce qu'il cherchait en mathématiques. Dans son lit de la fin, il était entouré par ses camarades chercheurs et étudiants. Il a été privé de la retraite. Il n'a pas vu la nouvelle cuisine (il ne l'aurait pas approuvée !), ni la grande douche dans la salle de bains (il aurait aimé !). Ni la nouvelle façade qu'une entreprise pourrie a mis six mois à terminer (volets et fenêtres fermés !). Il n'a plus corrigé mes livres, ni lu tout ce qui suivait *Lettres d'amour de 0 à 10* (qu'il n'a pas lu non plus au-delà du premier chapitre). Il n'est pas venu avec moi en Chine, au Vietnam, en Corée du Sud, en Inde, mais il n'avait pas besoin d'autant, de toute façon. Il adorait l'Italie toute proche. Il n'aimait pas voyager. Cela l'aurait amusé de voir la plouc immigrée qu'il a importée en France recevoir la Légion d'honneur. Peut-être aurait-il dit qu'il avait eu du flair. Je l'aimais de son vivant et je l'aime aussi par-delà la mort. Je trouvais qu'il était une œuvre d'art humaine, et même quand il chuchotait mon prénom d'un ton exaspéré pour quelque chose que j'avais fait ou que je n'avais pas fait, sa voix perçait mon cœur avec des ondes de bien-être.

Je ne sais pas, cochon, si tu es capable d'aimer comme ça, mais la science nous dit que d'un point de vue physiologique les animaux ressentent les émotions comme les humains.

Vous avez des cerveaux assez ressemblants aux nôtres. Vous avez aussi des éléments chimiques comme la dopamine et l'ocytocine qui stimulent des sensations d'amour. En tout cas, bien que ça puisse faire mal, j'espère que toi aussi, tu as trouvé l'amour.

Il y a des jours où j'ai tellement envie d'être avec Jacques, le toucher, le humer, le voir, lui parler, l'écouter chanter, que c'est insoutenable. Ma grand-mère disait : « Mort, c'est mort ! Fini ! N'en parlons plus ! » Mais elle avait tort, car tant que je suis vivante, Jacques l'est aussi. Tu comprends ça ?

Alors Jacques est dans mon cœur, dans mes pensées, mais il est quand même un fantôme. À chaque phrase que j'écris, je lui demande : « C'est bien Jacques ? » Il était dur. Quand il corrigeait mes manuscrits, il écrivait à la fin de chaque phrase contenant trois fautes ou plus : « Merde ! » Il n'a jamais été élogieux. Son plus grand compliment, c'était le silence (plutôt que les invectives). Je me demande à chaque page ce qu'il penserait de ce que je suis en train d'écrire. Car n'est-ce pas bizarre, cochon, de t'écrire un livre ? Je me demande aussi si je serai excommuniée de ma communauté.

Jacques ne voulait pas la pollution mentale de la télé. On n'en avait pas. Et s'il avait vécu, je suis sûre qu'il n'aurait pas accepté un téléphone portable. On lisait côte à côte au lit. Il était un grand lecteur (je l'étais aussi, mais en anglais !). Il lisait de la philosophie, de l'histoire, de la psychologie et de la psychanalyse, de l'archéologie et de temps en temps un roman. Il voulait que je lise les classiques français : Rabelais, Proust, Balzac, Flaubert. J'ai résisté jusqu'après sa mort quand les livres qu'il aimait tant me rapprochaient de lui. Il avait raison – ces écrivains sont des trésors. Je suis amoureuse de Victor Hugo (et des autres !).

De temps en temps, je suis tellement frappée par son absence que je n'arrive pas à travailler. C'est rare. Dans ces moments-là j'attaque un tiroir, une malle, une étagère et j'essaie de trier et d'éliminer, de faire de l'ordre dans la pagaille de ma grande maison. Une malle de manuscrits, de feuillets, de lettres, de cahiers. C'est irréaliste et ambitieux – je ne peux rien jeter. J'y vais méthodiquement en essayant de me débarrasser de tout sentimentalisme. Je vogue de surprise en surprise avant de tomber sur un trésor : une histoire que Jacques a écrite il y a quarante-cinq ans ! Sur… toi ! La voici :

« Histoire du petit cochon qui voulait devenir juif »

Par Jacques Morgenstern

Les enfants l'aimaient bien, mais les gens qui le nourrissaient désiraient que plus tard il les nourrisse.

Ça, il le savait.

Il était triste et décida d'explorer le monde à la recherche d'êtres humains plus humains. Après avoir visité bien des pays il apprit qu'il existait au moins un peuple qui ne se nourrissait pas de cochons, même pas d'un petit bout !

C'étaient les juifs.

Il alla les voir, visita leurs fermes, leurs maisons, leurs écoles et leurs synagogues. Il fut emballé et décida qu'il avait touché son but : il voulut devenir JUIF ! Il s'enquit auprès des rabbins qui, déconcertés, se concertèrent et après trois nuits de réflexion déclarèrent qu'il devait d'abord devenir casher.

Ils organisèrent une cérémonie avec kippa et talith. Il en sortit tout fier en proclamant : « Je suis casher ! Je suis casher ! » Dans le shtetl, on le regarda, étonné. Il rencontra un Hassid Loubavitch qui lui dit : « Casher, shmachère, es-tu glatt-casher ? »

Que faut-il faire ?

La CIRCONCISION.

La CIRCONCISION ?

...

Va pour la circoncision. Et le petit cochon devint glatt-casher. On réunit alors la communauté et les dirigeants demandèrent à la foule des fidèles : « Ce cochon peut-il devenir juif ? »

« Oui », dit le bedeau.

« Oui », dit le schnorrer.

« Oui », dit le porteur d'eau.

« Euh… », hésita le maître du Talmud torah.

« Mais il est glatt-casher », dit le gabaï.

« Ah ! Ah ! » dit le chochet. Il prit son couteau et égorgea le cochon sur place selon le rituel ; puis plus tard tous le mangèrent.

Est-ce que Jacques regarde de là-haut ? Est-ce qu'il sait que j'écris un livre à propos de toi, cochon ? Pourquoi je tombe sur ce texte juste à ce moment-ci ? Pour moi, c'est un petit miracle. Comme si Jacques me donnait sa bénédiction pour écrire ce texte sur toi !

En découvrant le texte, j'étais sonnée. Je n'en revenais pas ! Jacques disait toujours qu'il n'écrivait pas… comme Jésus, comme Bouddha, comme Confucius, comme Socrate, dont les disciples pérennisaient l'héritage en écrivant. Je me rappelle le jour où il me montra les trois histoires qu'il avait commises. Une autre – je ne sais pas quelle fouille future la déterrera – était « Comment être des parents parfaits ». Mais par quel hasard extraordinaire suis-je tombée subitement en pleines cochonnailles ? Un véritable coucou du ciel !

Et voilà que je me mets à vraiment croire à ce livre sur le cochon.

Ma journée, ta journée

Il faut dire que je ne te connais pas réellement, seulement théoriquement, virtuellement. Je te lis ; je ne te vis pas. Peut-on adopter un cochon comme animal domestique ?

On vit tous le mieux que l'on peut dans nos chez-nous respectifs, moi ma maison et toi ta porcherie. Je commence ma journée en me frappant la poitrine comme Tarzan, heureuse de vivre et de t'écrire. Depuis le signe de Jacques, mes doutes reculent, je peux me concentrer sur toi le temps d'un livre, dans l'esprit de connaître et de me rapprocher de l'ennemi. Ennemi ? Tu n'as rien fait pour mériter un mot aussi fort. C'est juste que toi, tu existes et moi, j'existe et nous n'étions pas faits pour nous entendre.

Commençons cette enquête par ce que nous mangeons puisqu'il s'agit de toi, te manger ou ne pas te manger. Manger, c'est le mot-clé de ma vie. J'y pense tout le temps. Toi aussi ? Le gastronome philosophe Jean Anthelme Brillat-Savarin (1755-1826) a écrit : *Dis-moi ce que tu manges, je te dirai ce que tu es* dans son livre *La Physiologie du goût.* Et toi, tu manges quoi ?

Pour te montrer l'exemple, je te dis ce que je mange dans une journée. Je mange trop ! Et ce que j'aime le plus, c'est le sucré, le salé et les féculents. Pain et beurre ! Macaroni, spaghetti, tortellini, ravioli, gnocchi. Pommes de terre : frites, gratin, purée ! Une fois un médecin endocrinologue nutritionniste, censé m'aider à maigrir, m'a posé cette même question. Je lui ai fait la longue liste de ce que j'avais mangé la veille. Ses yeux ont failli sortir de leurs orbites. Il m'a dit que je mangeais autant qu'un bûcheron canadien en hiver. C'est-à-dire beaucoup trop pour une personne aussi inactive. « Il faut arrêter de manger tant. » J'ai répliqué : « Vous n'êtes pas le premier à me le dire ; peut-être que vous serez le premier à me dire comment. » Il a juste haussé les épaules en me disant : « Au moins, vous êtes honnête… » Pas si honnête ! Je ne lui ai pas raconté mes excursions dans le bacon. Je ne lui ai pas raconté ma passion pour les cacahuètes, le chocolat, la glace et les chips. Et il ne m'a pas donné de solution, sans doute parce qu'il n'y en a pas.

Honnête, oui, de temps en temps ! Cependant je ne raconte ma relation à ta viande à personne. C'est mon secret le plus honteux et caché de tout le monde, caché de moi-même. Mais je ne cache rien quand j'écris, donc je te le dis. Je mange toujours en secret, derrière mon propre dos. Une psychologue comportementaliste m'a recommandé de sortir tout le contenu de mon garde-manger et de le manger ouvertement en pleine conscience. J'ai suivi ses instructions et j'ai mangé les aliments en pleine et en mauvaise conscience. Et alors ? Je sais et je sais et je sais que je mange trop et trop et trop.

J'aime manger ! Et il n'y a pas une minute de ma vie où je ne me sens pas coupable.

Je suis aussi capable de faire des régimes draconiens et d'espérer que cela tienne. Mais vite, vite, je craque. Toi, on t'engraisse (pour de mauvaises raisons). J'ai toujours rêvé que quelqu'un me dise « Mange ma fille ! Régale-toi ! » au lieu de me regarder de travers chaque fois que j'ouvre la bouche et de me cacher la nourriture comme faisait ma mère.

Et à toi, on le dit tout le temps. On te gave ! Et je sais qu'on te nourrit de céréales telles que l'orge, le blé, l'avoine, le seigle. Mais je sais aussi qu'on te donne un peu n'importe quoi comme une poubelle vivante. Et puis des vers, des escargots, des larves, des animaux morts, des petits vertébrés. Tu manges ce qui se présente : de l'herbe, des champignons, des tubercules, des feuilles, des racines, du maïs, du soja, des baies.

Tu as quarante-quatre dents et nous, seulement trente-deux. Tu as de quoi croquer la vie à pleines dents ! Mes trente-deux me suffisent à dépasser les limites de calories acceptables.

Quelle est ta journée type ?

Si tu étais capable de me répondre, tu dirais que tu peux faire absolument tout ce que tu veux. Après une nuit passée dans ton nid, tu te réveilles tôt pour passer 70 % de ta journée à flâner dans les environs et à chercher de la nourriture en exprimant comme tu peux ton comportement naturel. Si tu es élevé en batterie, tu fouilles dans ton bac d'alimentation et tu te frottes au sol bétonné frénétiquement. J'espère que toi, tu es élevé dans de meilleures conditions. Tu fais la sieste aussi (comme moi) ou bien tu te baignes ou te couches et te roules sur le sol. Et puis tu prépares ton nid en ramassant de l'herbe, des feuilles et des brindilles, et voilà ce que tu considères la belle vie.

On sait que si tu ne parles pas, tu as un vocabulaire de plus de vingt sons différents qui peuvent avertir, saluer, exprimer la faim. Ton cri est parfois plus fort qu'un avion supersonique qui passe le mur du son, allant jusqu'à cent quinze décibels. Tu es sociable et les études ont démontré que comme les humains, tu rêves pendant ton sommeil. J'aimerais dormir autant que toi ! À peu près quatorze heures par jour ! Moi, si j'arrive jusqu'à cinq heures, je suis contente.

On t'imagine gros et lent, mais adulte tu peux courir vite, parcourir 1,5 km en cinq minutes. Et puis, contrairement aux rumeurs, tu es très propre si tu es élevé dans de bonnes conditions.

Ta vie est simple et la mienne aussi quand je ne suis pas en vadrouille de par le monde. Quand je me réveille, je me fais le cadeau d'une heure de lecture. C'est un cadeau qu'on ne pourra jamais t'offrir. Les humains – je ne comprends pas pourquoi – ont délaissé cette offrande suprême de communion avec des mots qui résonnent en nous, cet échange muet avec nos porte-parole, ce fleuve d'émotions vibrantes pour de l'électronique minable qui n'est que du vide. J'ai la chance de ne pas être de la génération technologique et de me baigner dans l'excitation des histoires écrites.

Bon, ce n'est pas tout à fait vrai ! Je ne veux pas te mentir et je veux tout te dire. La honte ! Dans ma vieillesse et depuis que j'ai craqué et me suis acheté un téléphone portable, moi aussi je me suis jointe à une vie électronique. Je perds des heures à scroller comme tout le reste de mes frères et sœurs soi-disant humains. Je suis une junkie de YouTube. Alors ajoutons à ma journée les idioties que je regarde, par exemple cette nuit :

Un coiffeur à Milan qui coupe les cheveux de femmes chanceuses qui tombent sous ses ciseaux. Elles arrivent échevelées et moches, et clip-clip, elles sont transformées. Je rêve d'y aller pour enfin, une fois dans ma vie évanescente, être bien coiffée. Quand je regarde, c'est comme si ses doigts peignaient mes cheveux à moi.

Les chanteurs a cappella.

Les kinés qui me donnent des exercices pour réparer tous mes bobos. Qu'ensuite je ne fais pas !

Tout tout tout sur les otages et la guerre à Gaza.

Chaque film disponible sur les patineurs Guillaume Cizeron et Gabriella Papadakis, comme si c'était moi qui patinais.

Tout sur le prince William d'Angleterre et Kate, sa femme.

Les humoristes américains de la télé de nuit : Bill Maher, Jon Stewart, John Oliver, Stephen Colbert, Seth Meyers, tragi-hilarants qui se moquent de mes ennemis.

La pianiste sexy Khatia Buniatishvili et Martha Argerich, Vladimir Horowitz.

Tout sur Leonard Bernstein.

Les replays de *La Grande Librairie.*

Les recettes de pâtisserie sans gluten, sans sucre, sans matière grasse (sans goût ?) et les recettes végétariennes.

Des vidéos sur les bébés.

Britain's Got Talent.

Les récitations de poèmes.

Les cérémonies de mariage.

Quelques gourous qui tentent d'améliorer nos vies.

Ainsi, des heures et des heures peuvent passer sans que je puisse m'arrêter. C'est la honte de l'addiction. Ma vie entière est une grosse addiction. Tu vois, cochon, ce que tu évites.

Mais je lis aussi encore (une vieille addiction qui persiste) et je peux te dire ce qui est rarement raconté dans les livres, on se demande bien pourquoi, c'est le pipi-caca. Je sais que toi, tu urines à peu près quinze fois par jour et tu dois ressentir le même soulagement, comme moi après une nuit de sommeil. Ma journée commence comme ça. Et si toi, tu te baignes dans la boue, moi, debout sous ma douche exquise, je me savonne joyeusement. Une grande serviette m'entoure pour me sécher et je m'habille. Je ne me soucie pas de la mode, je n'aime que le confort : des sweats, de grands tee-shirts, des pantalons larges ou stretch, du chaud l'hiver et des robes amples en coton l'été. Je peux mettre le même « uniforme » tous les jours pendant une semaine. De temps en temps, je m'achète une robe extravagante et colorée comme nulle autre, d'habitude dans mon magasin *La nuit à Paris* près de la station de métro Strasbourg-Saint-Denis ou rue d'Aboukir. C'est là que j'ai enfin trouvé mon style et tout le monde me demande où j'achète mes robes. Je n'ai jamais voulu être invisible ! Je m'habille en moins de deux minutes. Mais toi, tu es toujours habillé au naturel. Ton monde est un camp de naturistes.

Sais-tu quelle est la plus grande porcherie du monde ?

Je te le dis. Avec ses vingt-six étages, l'unité de Zhong Xin Kai Wei Modern Husbandry, installée dans la banlieue de Wuhan, pulvérise tous les records et est devenue la plus grande porcherie du monde : sa capacité de production est de plus de 1 200 000 porcs charcutiers par an.

La porcherie est ta maison. C'est le lieu construit par l'éleveur. Il y a des règles à suivre quant à ton abri, mais la porcherie a mauvaise presse.

Bernard Friot est mon ami invisible puisque nous ne nous sommes pas vus depuis je ne sais combien d'années, mais nous commençons chaque nouveau jour ensemble avec notre échange de poèmes depuis des années et des années. Il est tellement proche de moi, bien que loin, puisque nous partageons nos secrets les plus profonds qui ressortent dans nos poèmes quotidiens. On alterne en donnant le mot du jour (aujourd'hui c'était « passerelle »). C'est un cadeau tous les jours sauf le dimanche. Le jour où j'ai proposé le mot « porcherie », Bernard m'a offert cette histoire de son enfance :

> Il y avait des cochons chez ma grand-mère. Enfin pas dans la maison, mais dans un recoin du « charri ». Le charri, c'est un hangar en patois franc-comtois. C'est là, à cinquante mètres de la maison d'habitation, que se tenait le charri. Et au fond, la soue où on élevait deux ou trois cochons derrière une palissade en bois. Pour les nourrir, il fallait soulever un couvercle et les restes qu'on leur donnait tombaient directement dans leur auge. Ça mange

de tout les cochons : trognons de chou, épluchures, pain rassis, petit-lait. Et les betteraves sucrières, les mêmes qu'on donnait aux vaches, et qu'il fallait trancher dans une drôle de machine dont on tournait la manivelle. Ça, c'était amusant. Avec mon frère aîné, c'était à qui tournait la manivelle le plus vite. Ensuite, soulever le couvercle, être agressé par l'odeur et par les grognements peu sympathiques des cochons, vite, vite se débarrasser de leur pitance, laisser claquer le couvercle et s'éloigner le plus rapidement possible. Difficile de se lier d'amitié avec un cochon enfermé dans sa soue, dans l'obscurité et la puanteur. Ils n'avaient jamais droit à une promenade dans les prés, les cochons de ma grand-mère. Leur sort était fixé depuis longtemps. Ils devaient engraisser, engraisser, peser leur poids de chair et de graisse et, début décembre, quand les travaux des champs étaient au ralenti, ils seraient livrés au couteau d'un boucher qui viendrait les égorger juste devant le charri, un matin froid et glacé. Dans mon lit, planqué sous les couvertures, les mains sur les oreilles, j'entendais leurs cris perçants, aigus, insoutenables.

Traumatisé ? Non. Car après le sacrifice, deux ou trois jours de préparation animaient la maison : boudin, pâté, jambons, saucisses, tout se cuisinait à la maison, envahie d'odeurs d'oignon, d'épices, de sang frais, de graisse brûlée. Joyeux remue-ménage, mes tantes affairées sous les ordres de ma grand-mère, les hommes qui passent la tête pour voir où on en est. Et à midi, boudin frais, peau grillée et craquante, accompagné de pommes de terre sautées (ou mieux, de röchtis !).

Une vie de cochon, quoi.

Je ne connaissais pas les antécédents fermiers de Bernard, mais il m'a offert un aperçu de la vie de cochon que je n'avais pas. Mon ami invisible est ainsi entré dans mon livre avec sa sensibilité et sa poésie. J'aurais peut-être dû demander à tous mes amis de me faire part de leurs relations avec le cochon. J'aurais eu autant de surprises. Je n'ai pas vu la maison de Bernard à Bordeaux. Je l'imagine très esthétique et bien rangée. J'ai mangé chez lui une fois quand il vivait à Besançon. Un repas parfait. Je me souviens aussi de sa caponata.

Ma « porcherie » à moi est une grande maison de deux étages (même trois, avec le toit plat qui fait terrasse et qui surplombe la mer et toute la ville de Nice). Il y a un grand jardin avec des arbres d'agrumes et des fleurs. Ça s'appelle la chance. Mais la malchance veut que je sois seule dans tout cet espace depuis la mort de mon mari il y a plus de trente ans. On apprend à s'habituer à la solitude, surtout quand sa passion l'exige. Un couple vient nettoyer mon écurie une fois par semaine, Martine à l'intérieur, Marc à l'extérieur, et je suis toujours contente de les voir, sauf quand ils se disputent devant moi ou quand Martine me parle alors que j'essaie de me concentrer. Elle a aussi l'art de cacher les articles essentiels et je passe toute la semaine à les traquer dans une grande chasse aux trésors.

Ma maison est un champ de bataille : les vieux tuyaux pètent, le chauffage tombe en panne, l'électricité disjoncte, la peinture craquelle, la façade se désintègre, le toit s'effondre, l'armée de rats résiste au poison, les fourmis et les cafards envahissent, la pluie s'infiltre et l'escalier s'affaisse. L'accès à la maison par cent quatre marches devient impraticable. Chaque jour offre sa crise. Pourtant j'aime cette chaumière où le silence en pleine ville berce mon sommeil et mon éveil, où j'ai écrit cent soixante livres, où j'ai vécu avec l'amour de ma vie, où j'ai élevé mes enfants, où aiment venir mes petits-enfants. Je viens d'acheter un lit de bébé et une chaise haute pour Enaël, mon arrière-petit-fils. En même temps, je cherche un appartement avec un ascenseur grande vitesse parce que, réaliste, je sais que je ne pourrai pas vivre ici éternellement. Je les visite donc pour constater qu'il manque des jardins, des terrasses, de l'espace, des orangers, des citronniers, des pamplemoussiers, des plaqueminiers, des palmiers. Toi, tu n'as pas ces problèmes. Mais d'un autre côté, tu ne connais pas les joies liées au plus grand âge.

Je descends au rez-de-chaussée pour mon repas préféré, le petit déjeuner, la fête des tartines, pain et beurre, ou tapenade ou caviar d'aubergine, ou poisson fumé ou d'éventuelles viennoiseries. Je savoure cette naissance d'un nouveau jour, même si je branche la radio qui crache de mauvaises nouvelles. Toi, tu as la chance de ne pas connaître l'horreur et les tragédies de notre monde contemporain avec le dérèglement climatique, la contamination de l'eau, les problèmes de la santé dans le monde, les guerres, la destruction, les chefs totalitaires, la violation des droits humains, le mauvais accès à l'éducation, l'insécurité, la misère… Et moi, je croque mon pain tout en écoutant. Tu es au courant, toi ?

Après cette réunion avec le gluten, je me mets à travailler. Pendant trente-huit ans, je suis partie à l'université pour faire cours à des étudiants contraints de subir mes tentatives inefficaces de leur faire ingurgiter l'anglais. Maintenant je peux me faire plaisir en écrivant. Ça doit être l'équivalent pour toi de te rouler dans la boue. Rien ne me donne plus de délectation que de m'installer devant mon écran, les doigts me démangeant de frapper le clavier. Surtout quand j'ai toute la journée devant moi.

Je commence par écrire deux poèmes. Un poème est un texte en prose ou en vers, disons un concentré d'une idée, un télégramme d'une émotion, une impression d'un moment. J'ai du mal à me défaire des rimes. Je reste toujours enfantine. Je suis une idiote poète.

Beurre sur la tartine
Croissants, chocolatines
Saumon et truite fumés
Confiture parfumée
Madeleines et pain d'épices
Omelette délice
Oh, jamais assez
Au petit déjeuner.

Évidemment, je choisis le jour où j'ai proposé le mot « porcherie » pour parler de toi.

Ce jour où Bernard m'a fait cadeau de son souvenir d'enfance.

C'est la nuit que ma tête est une porcherie
Un hors-série de goinfrerie
Au lit d'insomnie de hara-kiri
L'intempérie de sorcellerie.
Les pensées enfouies s'entremêlent
Pêle-mêle en brins et lamelles
Obsessionnelles, confessionnelles
La nuit est un sombre tunnel
En attendant le matin…

J'en écris toujours un en anglais aussi, tu peux apprendre ainsi que « porcherie » en anglais se dit « *pig sty* ».

My pocket book is a pig sty
Don't ask me why
I can't find a thing
Lost in the well, ding-a-ling
Where are my keys ?
Please, oh geez !
Lipstick, a comb ?
Won't you come home ?

Why was I born a mess ?
It adds up to lots of stress
I sigh and I try
I'll clean up when I die ?

Le poème est un petit échauffement des muscles des méninges. Je poursuis avec une page de mon journal intime. Je viens d'écrire une sorte de guide d'écriture d'un tel journal car je suis une militante de cette pratique. Toi, tu vis dans l'immédiat, sans passé, sans avenir. Mais moi, je tiens à garder ces fragments de vie, ces miettes de journées, cette vie en conserve. La vie, pour toi comme pour moi, fuit, s'évapore et pouf ! disparaît. On oublie vite ce qu'on a fait l'année dernière ou le mois passé ou même hier. Nos parents meurent, nos amis tombent malades, nos proches s'éloignent, mais dans mon journal ils sont toujours présents. Je pousse mon stylo à travers mon journal parmi mes souvenirs qui restent vivants.

Cette semaine, par exemple, j'ai participé à une journée à Grasse dédiée à la littérature pour adolescents. Si je n'avais pas fait un compte rendu dans mon journal, j'aurais oublié les propos de Nathan Lévêque et Florence Hinckel, de l'éditrice Marion Lemoine et de la conservatrice de la médiathèque. Est-ce que j'aurais pu oublier les fossettes du maire ? Je ne pense pas ! J'ai même dit aux bibliothécaires que j'étais prête à virer à droite pour lui.

Quand je finis le journal, je peux m'attaquer au projet du moment qui est toi, cochon chéri, censé devenir un livre sur ma relation avec toi. J'y travaille pendant le reste de la journée, submergée de doutes : est-ce que ça pourrait intéresser qui que ce soit ? Est-ce que j'irai jusqu'au bout ? Je sais d'expérience que je vais toujours jusqu'au bout. Ça fait neuf mois que j'y travaille pour arriver où nous en sommes. Neuf mois pour naître ! J'ai pensé t'adopter pour que tu vives dans mon jardin et que je puisse t'observer de près, mais je ne sais pas si c'est légal d'avoir un cochon en pleine ville. Et puis j'aurais trop peur. Je n'ai jamais fréquenté d'animaux. On n'a pas eu de chat ou de chien ou même de hamster. Ma mère avait un aquarium mais tous les poissons sont morts. Bien que beaucoup de juifs aient des animaux domestiques, peu de juifs orthodoxes vivent avec des animaux dans la maison, pour des raisons diverses, par exemple : comment s'en occuper le jour de shabbat quand on est censé ne pas travailler. Il est écrit dans la Bible qu'il faut nourrir ses animaux avant de se nourrir, ce serait bien difficile pour moi ! En tout cas, je n'ai jamais été à l'aise avec les animaux.

Mais, en ce moment, je passe mes journées avec toi. À défaut de vivre dans mon jardin, tu es dans cette bulle qu'on appelle l'imagination. Quand je dis toute la journée, il y a des pauses. Par exemple, je viens de manger des cacahuètes en craquant leurs coques. Je craque pour les cacahuètes ! Je bois du thé aux herbes sans arrêt car on m'a mis dans la tête qu'il faut beaucoup boire. J'arrête aussi pour déjeuner. J'ai toujours beaucoup cuisiné et j'aime ça. J'aime éplucher et couper en dés les légumes. J'aime faire des plats mijotés, mais tu seras heureux de savoir que je mange de moins en moins de viande, influencée par mes petits-enfants végétariens. Je mange très simplement (quand je suis sage !) des légumes, une salade, de la soupe. J'essaie d'éliminer le sucre et les produits laitiers, qui sont inflammatoires. J'ai dit « j'essaie » ! Plutôt sans succès.

Je fais aussi la sieste en lisant. Ces derniers jours, c'est une BD sur des Justes qui ont caché des enfants juifs pendant la Seconde Guerre mondiale dans les environs de Nice. Je ne suis pas une adepte des BD, bien que je les apprécie. Je mets très longtemps à lire une seule page. Je n'ai jamais pu faire deux choses à la fois, dans ce cas lire le texte et regarder les images.

Après la sieste (des fois je m'endors pendant dix minutes) je travaille jusqu'à la tombée de la nuit en hiver et je me récompense avec une série coréenne du genre comédie romantique. Je ne sais pas ce que j'ai à voir avec les Coréens mais je les trouve tellement beaux que j'en suis amoureuse. Et sensibles et pudiques et sereins. Comme avec un bon livre, comme avec un repas, je suis en deuil quand je termine une série. Les personnages ont accompagné un bout de ma vie et j'ai du mal à les lâcher.

Mon dîner est simple comme ma vie. De la soupe ou un second petit déjeuner.

Je monte pour les rites du soir : me déshabiller, me laver, me coucher. J'ai hâte de continuer à lire le livre en cours.

Voilà ma journée. Je me sens coupable d'être si chanceuse et si heureuse face au malheur du monde. Combien de fois me suis-je dit que je devrais remplir cette maison de réfugiés et combien de fois ne l'ai-je pas fait ? N'empêche que j'essaie de répandre de la joie autour de moi avec ce que je suis… et d'aimer les gens !

Plutôt un amoureux qu'un couvent !

À présent que je pense à toi tous les jours, cochon, je parle de toi autour de moi, à mon ami Bernard puisqu'on s'écrit tous les matins, mais aussi à Georges, mon amoureux. Georges a été un beau cadeau dans ma vie de jeune veuve pas si joyeuse. Il m'a sauvé du « couvent ». Ça fait vingt ans que nous sommes ensemble, tantôt à Neuchâtel chez lui, tantôt à Nice chez moi.

J'ai « rencontré » Georges sur une application : jewishcafé.com.

Georges se dit « juif goy », lié au peuple mais pas à la religion.

Et moi, j'étais religieuse sans foi. S'il y avait des couvents juifs, j'y serais peut-être allée. Il y aurait eu dans ces lieux des chandelles fabriquées avec ta graisse, des cordes d'instruments de musique de ton cuir, des pinceaux et des brosses de tes soies. Tu vois, tu as de bons côtés. Enfin, rassure-toi, je n'ai jamais acheté un sac, des chaussures ou des ceintures faits avec ta peau.

Donc, aussi improbable que cela semble être à mon âge si mûr, j'ai un amoureux ! Tu ne peux pas savoir combien cette phrase me remplit de joie ! Mon amoureux est toute gentillesse, même s'il n'est pas casher. Sa famille ne l'était pas. La maison de son enfance était un abri pour des réfugiés juifs pendant la Seconde Guerre mondiale. Ses parents, juifs d'Europe de l'Est, connaissaient les rites mais ne pratiquaient pas la religion, juste la bonté et la générosité. Cet amoureux, je l'ai trouvé sur un site de rencontres. La première question que je lui ai posée sans détour fut : « Es-tu circoncis ? » Il me répondit : « Vérifie toi-même ! »

À 19 ans, mon Georges, conscient qu'il n'y avait plus rien à inventer, à quoi contribuer, à ajouter dans son pays natal, la Suisse, où tout était déjà fait, est parti en Israël, dans le désert, fonder le kibboutz Gvulot là où il n'y avait que du sable et les dunes du Néguev, près de Gaza. Il est parti de Bienne où il a grandi. Ses parents, nés en Pologne, étaient un peu fiers, un peu tristes. Il a rencontré sa femme, Heidi, lors des vacances du kibboutz à un arrêt de bus à Stockholm. Elle était de Berne. Ils partageaient une langue. Il l'a accompagnée pendant sa longue maladie comme j'ai accompagné mon mari. Georges a écrit des vignettes sur sa vie au kibboutz, l'époque héroïque de sa vie.

Pour t'amuser, cher cochon, je te livre son histoire de cochons dans son kibboutz. Tu verras que je ne choisis pas mes amoureux à la légère !

> Dans mon kibboutz au fin fond du Néguev, Gvulot, il y avait de nombreuses branches de travail. Chaque soir le préposé au planning essayait de répondre aux besoins les plus urgents – une entreprise difficile et souvent ingrate. Il y avait des corvées impératives : les vaches devaient

être nourries et traites trois fois par jour. Les camarades travaillant à l'étable ne pouvaient pas être remplacés par n'importe qui. Les mécaniciens peinaient à mettre en état les machines agricoles avant le début de la saison. Les cuisinières étaient irremplaçables, changer les « éducatrices » dans les maisons d'enfants risquerait une ferme opposition des parents. Pourtant il fallait du personnel de service à la salle à manger, des remplaçants pour les camarades malades ou en congé, une main-d'œuvre supplémentaire pour les périodes de pointe dans l'agriculture. Engager des salariés de l'extérieur était hors de question – exploiter des ouvriers allait à l'encontre de notre idéologie. Donc nous nous exploitions nous-mêmes.

J'étais longtemps l'un de ces « bouche-trous », situation peu satisfaisante. Ainsi, comme préposé à la buanderie, comme mécanicien confectionnant des pièces destinées aux machines agricoles que nous produisions, je pouvais bien être délégué à des tâches de quelques heures : m'occuper des enfants après leur sieste jusqu'à la venue de leurs parents, aider au service de la salle à manger ou faire la vaisselle (qui se lavait à la main).

Nous mangions tous au même réfectoire, trois fois par jour. Il fallait remplir les places autour des tables. Cela me posait problème – il m'était difficile d'être en face d'une personne qui ne respectait pas les règles de comportement dont j'avais l'habitude. Donc j'attendais à l'entrée de la salle la venue de camarades qui pourraient me convenir.

Il y avait toujours une soupe, un plat principal avec accompagnement et un plat alternatif. La qualité des mets était variable, mais j'étais habitué, grâce à l'expérience acquise pendant la guerre, au fait que la nourriture est quelque chose de sacré et qu'il faut la respecter. D'autres n'avaient pas cette attitude. Systématiquement ils demandaient le mets alternatif, remplissaient leur assiette avec le mets d'accompagnement, faisaient une grimace et jetaient le tout dans le bol des déchets situé au centre de la table. Quel gaspillage ! Difficile d'accepter.

Le chef d'exploitation (Merakez Hameshek) eut une idée : changer les mauvaises habitudes de ses collègues n'était pas en son pouvoir, mais pourquoi, au lieu de déverser ces déchets dans les dunes des environs où ils ne faisaient que le bonheur des mouches et des moustiques, ne pas en profiter pour une réutilisation ?

Beer-Sheva, le chef-lieu du district, était à l'époque une petite ville modeste où chacun connaissait chacun. On savait que dans un certain restaurant on servait « du steak défendu », pour ne pas prononcer le mot « porc ». C'était une attraction. Comment le propriétaire se fournissait-il en viande proscrite ? C'était un secret, mais il était facile de l'élucider. Il y avait deux ou trois kibboutzim, quelques villages arabes chrétiens élevant les animaux en question. Il fallait juste frapper à la bonne porte.

On décida donc de construire une porcherie sommaire, à la périphérie du village, à un endroit discret, loin des regards de visiteurs éventuels. Et il fallait nommer une personne qui s'occuperait de ces bestioles : ce fut MOI !

Un jour notre camion apporta une cargaison particulière : trois demoiselles cochonnes et un monsieur porc qui prirent domicile dans le lieu qu'on leur avait préparé. Mon office commença. Que savais-je de l'élevage d'animaux, que savais-je des soins à prodiguer à ces quatre-pattes ? Rien. Tout ce que je savais, c'était qu'ils devaient manger, boire, qu'il fallait garder leur enclos plus ou moins propre. Pour la nourriture, je récoltais les déchets (abondants) de la cuisine, le pain rassis, les restes, balayés au dépôt, les farines alimentaires des vaches et des poules, bref tout ce qu'un porc peut engloutir. Et ces bestioles se jetaient dessus avec enthousiasme. Le problème était que mes protégés n'étaient pas capables de manger n'importe quoi : fais comprendre à mes collègues que des lames de rasoir, des débris de verre ne devaient pas faire partie de leur menu !

Monsieur Porc était bien séparé de ses consœurs par une haute clôture. Mais l'appel de la nature était plus fort que tous les murs. Ce qui devait arriver arriva. En champion d'escalade, le mâle rejoignit sa consœur en chaleur et ils s'accouplèrent avec grand plaisir. Résultat : six adorables porcelets virent le jour, faisant la joie de leur maman qui leur offrait généreusement ses mamelons gorgés de lait. Elle ignorait sans doute que ses petits chéris, le moment venu, finiraient dans des assiettes.

Souvent, pendant leur promenade du shabbat, des parents venaient avec leurs enfants à la porcherie pour observer les animaux tant décriés dans le judaïsme. Occasion rare de découvrir ces quadrupèdes maudits.

Mais les cochons aussi aimaient se promener. Alors on pouvait voir Maman Cochon en tête, sa progéniture à la suite, faire leur tournée au village. Ils adoraient cela, il était difficile de les ramener dans leur enclos.

La présence de ces créatures ne pouvait pas rester inaperçue. Je me souviens de la réaction catastrophée d'un rabbin venu au kibboutz pour une circoncision et rencontrant (malheureusement) une colonne de ces animaux maudits en vadrouille.

Un jour, l'un des premiers dirigeants du mouvement sioniste en Israël est venu en visite à Gvulot. Il voulait voir de ses propres yeux les performances de ces jeunes pionniers dans le désert. Il était enthousiaste. Juste quand il passa par la cuisine, on y désossait un cochon. C'était impensable. Heureusement, le brave homme ne put le reconnaître et le prit pour un veau, un mouton ou une chèvre.

De nos jours, un écriteau au réfectoire indique qu'il est « casher », et le maintien des règles religieuses y est surveillé par un rabbin. Ce n'est pas que les membres soient devenus pratiquants. Le tourisme fait partie du financement du kibboutz, tous les hôtes doivent avoir la possibilité de s'y restaurer. Une grande partie des Gvulotiens préparent leurs repas chez eux.

Ceux qui viennent manger au réfectoire passent par la caisse, leur assiette est pesée et le prix, à un tarif préférentiel, est débité de leur compte. Plus question de gaspillage quand ça touche au porte-monnaie !

Georges a écrit deux livres pour ses proches : *Les Rosenfelds*, l'histoire de sa famille, et *En route* : sa vie au kibboutz pour ses petits-enfants ; ainsi que le récit de notre rencontre, *Fleurs tardives* avec moi.

Cochons en collection

Georges dit (diplomatiquement) de moi et mes sœurs : « Vous êtes spéciales. » Ou extravagantes, ou excentriques, ou extraordinaires, pour ne pas dire farfelues, bizarres, abracadabrantes ou aberrantes.

J'avais donc deux sœurs. Mais celle à qui je dois vraiment parler du cochon, c'est ma sœur Effie, car elle, elle ne fait pas que s'y intéresser, elle est obsessionnelle ! C'est elle qui me dit tous les jours : « Laisse-moi tranquille avec ton cochon ! » Elle ne se rend pas compte de sa propre passion pour les cochons ! C'est vrai que je n'ai jamais autant parlé d'un manuscrit.

À mon grand chagrin, l'aînée de mes sœurs, Sandra, est morte. Elle disait toujours : « Je déteste tout ce qui est vieux, surtout les vieux ! » Tu vois, elle ne voulait pas être vieille, alors elle est morte. Elle était une sorte d'ayatollah du judaïsme, une défenseuse de la foi contre vents et marées. Une sorte de grande prêtresse. Ce qui ne l'a pas empêchée de manger de ta chair en cachette à chaque occasion comme une parenthèse à ses principes. Comme dans *Le Chat du rabbin* de Johan Sfar, dans lequel ce rabbin absolument pieux et fidèle fait un petit détour dans un restaurant pas casher et commande tous les plats les plus interdits. Il fait appel à Dieu pour l'arrêter, mais Dieu ne répond pas. Alors il se goinfre durant cette pause avant de reprendre fermement sa pratique de la foi le lendemain. Je fais souvent ces petites pauses ! Ma sœur, on la prenait en flagrant délit d'indéniablement te manger et l'effrontée le niait majestueusement en traitant la dénonciatrice de folle.

Sandra est-elle morte de trop de bacon ? Avant d'être vieille ! Moi, je m'entraîne à être vieille et j'espère que tout cet entraînement va servir longtemps. Je suis sûre de préférer ça à être morte. Je ne voudrais pas te blesser en parlant d'une vieillesse que tu ne connaîtras pas. Je ne peux plus faire beaucoup d'activités physiques et même mentales (apprendre une langue ?), mais je peux encore jouir d'être vivante, respirer, parler, voir, entendre, toucher ! Figure-toi que j'ai même un arrière-petit-fils, Enaël, et je peux le prendre dans mes bras. Je peux chanter et écrire ! Je peux marcher le long de la mer (pas longtemps !), rencontrer mes amis, mes enfants, mes petits-enfants. Je peux encore avoir des idées, faire la cuisine, manger au restaurant, écouter la radio, regarder les films, LIRE ! Tout ça est infiniment plus précieux et vivifiant que la mort.

Même si on se bat, même si on a 14 ans dans sa tête, à 80 ans, c'est indéniable, on est vieux ou vieille. Comme une machine rouillée qui tombe en pannes successives, pièce par pièce, on tombe en miettes. On remplace des hanches, des genoux, des épaules, un cœur, des reins, on vit avec des maladies, le cancer, Parkinson, l'arthrose, les faiblesses cardio-vasculaires, le diabète, l'ostéoporose, la dépression, Alzheimer, la cataracte. On s'aide avec des appareils auditifs et des lunettes, des antidouleurs. Toi, tu ne connaîtras pas tous ces délices.

Il y a de petits deuils et de grands chagrins. On perd des amis, on s'inquiète pour d'autres, une grande dose de peur s'injecte au quotidien : peur de tomber et de se casser, peur de la contagion, peur de grimper sur une échelle, peur d'un simple rhume. On perd la force : ouvrir une canette, une boîte, une bouteille. Progressivement, le manque d'énergie nous gagne et on se justifie à en faire de moins en moins. On perd le désir sexuel, l'appétit social, le sommeil, l'ambition, la curiosité, l'élan. On se lasse de lire, de faire la cuisine, de regarder la télé, de sortir. Les plus petites corvées deviennent mission impossible.

On ne veut pas se montrer. Les rides envahissent le visage. Les bajoues, les cernes, les taches brunes, les veines serpentent visiblement, la peau sèche démange. Même si on n'a jamais été d'une grande beauté, on devient carrément moche. On applique des tubes et des pots d'espoir en forme de crèmes et on guette une évolution qui s'avère être un faux messie. Les seins tombent jusqu'aux genoux, le pénis se rétrécit et s'évapore, la chaire est flasque, le corps se tasse et se rapetisse, on grossit ou maigrit et on se déforme.

Il faut éviter de se remémorer ce que l'on était et ce que l'on faisait et ce dont on était capable : marcher vite à travers la ville, cuisiner pour quarante personnes, jardiner, danser, peindre les murs, ranger la maison, faire des lits, tendre le linge, rester debout, ramasser un objet tombé par terre, s'occuper des autres. Oui, cochon chéri, c'est dur de se limiter à soi-même et sa pathétique survie égoïste.

Il ne faut pas relire sa liste adolescente de tout ce que l'on voulait accomplir dans la vie : apprendre le dictionnaire par cœur, lire TOUS les livres, voir toutes les pièces de Shakespeare, écouter tous les préludes, les fugues, les sonates, les partitas, les suites de J. S. Bach, revoir tous les films de Frank Capra et Charlie Chaplin, planter un champ de jonquilles et de coquelicots, apprendre le russe et l'italien, inventer un pain.

Malgré tout, on respire, et la vie, même diminuée, reste la vie ! On peut aussi donner les miettes et les lambeaux de soi aux autres.

Tu vois, je peux téléphoner à ma sœur Effie qui me remplit de joie. Elle vit à Tel-Aviv et moi à Nice. C'est l'une des tragédies de notre vie, être sur deux continents différents. Elle est une multivitamine puissante. Cinq ans de plus que moi, elle est la plus jeune, la plus folichonne-zinzin, la plus positive, la plus plus plus. Si tu la vois une fois, tu ne peux jamais l'oublier. À 85 ans, elle travaille encore. Son téléphone n'arrête jamais de sonner. On se bat pour être son ami ou son amie. Elle va au club de gym tous les jours et dès qu'elle s'assoit pour un café, la table se remplit d'hommes jeunes amoureux d'elle. Sa vie au jour le jour est une aventure éblouissante.

Pourquoi je te raconte ma sœur ? En quoi cela te concerne ? Parce que c'est une révoltée, une rebelle. Elle déteste les ultraorthodoxes et certains rabbins qu'elle considère comme corrompus. Elle se fait une joie de faire un festin à Yom Kippour.

Effie, puisqu'elle vit en Israël, célèbre toutes les fêtes. Israël est le pays de la famille d'abord par excellence. Les nombreuses fêtes qui ponctuent l'année sont des festins chez les uns ou les autres. Elle a deux enfants, six petits-enfants et neufs arrière-petits-enfants. Elle aime Israël à la folie, elle ne vivrait pas ailleurs dans le monde, pour rien au monde ! Depuis le 7 Octobre, elle me dit tous les jours : « Personne ne pourrait jamais comprendre ce que nous vivons ici. C'est inimaginable ! Et le pays continue à vivre. » Elle est patriote à l'excès. Elle y est allée avec son mari kibboutznik et ses deux jeunes enfants en 1967 sans avoir regretté un instant. Elle parle l'hébreu comme moi le français avec nos accents à couper au couteau. Mais elle ne le lit pas sans peine. Toute lettre officielle va directement à la poubelle sans être ouverte. Elle n'a pas la force de faire partie physiquement des manifestations mais elle en fait partie en esprit. Elle dit toujours qu'elle adore être juive, qu'elle ne voudrait pas être autre chose. Mais le judaïsme pour elle ne comprend pas vraiment ce Dieu biblique. Elle n'est pas l'amie des orthodoxes et des fanatiques.

Alors elle collectionne… des cochons ! Le cochon qui est le symbole même de tout ce qui nous est interdit, qui définit notre existence en tant que juif. Des cochons en porcelaine, en poterie, en plomb, en argent, en étain, en bois, en papier mâché, en carton bouilli, en plastique, en plâtre, en céramique, en cristal, en faïence, en bronze, en cuivre, en caoutchouc, en aluminium, en verre, des moutardiers, des salières et des poivriers, des tirelires, des cruches, des jeux (cochon qui rit), en porte-clé, en boucles d'oreilles, en pichet, en vase, des broches, des colliers, bibelots, figurines, fèves, en santon, en bouteille, en cendrier, en marionnette, en automate, en carafe, en pommeau de canne, en forme de coquetier, en sculpture, dans une boule à neige, en moule, en pipe, en lego, en peluche, en emporte-pièce.

Les collections sont une sorte d'addiction. On lui en rapporte du monde entier.

Moi aussi j'ai contribué en chinant. Où que j'aille, je lui rapporte telle peluche cochon, telle boucle d'oreille cochonnet (elle n'en met jamais deux pareilles), et une fois une robe imprimée de cochons achetée rue Saint-Denis à Paris.

Quand elle sort dans la rue ou dans un restaurant ou à l'hôpital où elle travaille encore à 85 ans, toutes les têtes se tournent vers elle. On la voit une fois et on ne l'oublie jamais avec ses boucles d'oreilles et son collier de cochons. Chaque jour correspond à un nouveau thème : les transports, avec des camions et des trains en plastique, la cuisine, avec des casseroles ou toute une dînette, des sifflets de toutes les couleurs qu'elle active quand elle croise quelqu'un, ou des poupées – raison pour laquelle elle a volé ma Fifi Brindacier. Je pense que c'est moi qui ai fabriqué son chef-d'œuvre de collier en forme de corde à linge avec des sous-vêtements suspendus à de minuscules pinces à linge. Quand les gens lui demandent où elle l'a acheté, elle répond : « Chez Cartier. »

Elle collectionne aussi les histoires des vies des gens qu'elle rencontre. Elle parle avec tout le monde et puis elle me raconte au téléphone les gloires et les misères de chacun.

Tu vois, cochon, tu existes très fort à Tel-Aviv dans la maison de ma sœur.

Ton malheur porte bonheur

Cochon, je t'ai étudié, j'ai moins peur de toi. J'ai fêté mes 80 ans, et je commence à savoir pourquoi je suis sur cette Terre. Je m'apaise, alors il est temps que notre relation aussi s'apaise.

Je ne suis pas sûre que cette relation millénaire puisse s'adoucir facilement. Je ne peux pas être celle qui arrête notre histoire antagoniste. Je ne suis pas une révolutionnaire, car j'aime trop nos traditions et notre sagesse des pères (et mères). Oui, j'ai pitié. N'empêche que tu es ma bête noire ! Beaucoup d'autres animaux sont interdits, comme le chameau, la souris, le hibou. Mais toi, tu es la vedette de l'interdiction, comme une métaphore de tout comportement transgressif. Tu as une sacrée mauvaise réputation ! Comment oublier que les nazis appelaient les juifs *SCHWEIN* ? Ça va de pair avec SALE juif. Peut-être qu'on te considère comme sale parce que tu as la fâcheuse habitude de sauter à pieds joints dans la boue ? Quant aux accusations sur ta goinfrerie, ce n'est pas moi qui peux te le reprocher ! Mais de là à avaler les immondices, à passer ton temps à farfouiller du groin dans une porcherie souvent mal entretenue par tes maîtres peu respectueux... Tout au long de la longue histoire juive, tu as servi d'instrument et d'arme pour nous moquer : des juifs qui se transportaient à dos de cochon, des portraits de juifs avec une tête de cochon et mille autres façons de représenter et ridiculiser le juif.

Dans la Grèce antique, d'après Platon dans sa « cité de pourceaux », tu es le symbole de l'immoralité des êtres de caractère... de cochon ! Tu es plein de contradictions : à la fois un gros mot et un symbole d'éternité. Peut-on parler de chance quand on connaît ton sort : ton corps entier tourne avec des rotations infinies dans un barbecue géant !

Autant j'aime le mouton qui fait la même danse, si c'était toi qui prenais cette place chez nos amis les Pouget qui réunissaient tous les copains pour un méchoui fin juin, je ne t'aurais pas sauté dessus comme sur le mouton. C'était la plus belle fête, la fin de l'année scolaire et le début de l'été. Chacun apportait sa spécialité, des plats en abondance dans ce grand jardin à Tourrettes-sur-Loup où on papillonnait entre amis, où on plongeait dans la piscine, mais moi, je me concentrais sur mon assiette que je remplissais à plusieurs reprises.

J'ai fait ma petite recherche : tu portes chance. Pour les Grecs et les Romains, posséder un cochon signifiait privilège et richesse. Le sanglier était considéré comme sacré dans la mythologie nordique. Tu es connu sous le nom de Glücksschwein, cochon porte-bonheur ou Lucky Pig. On peut commander un écusson brodé : « Le cochon, une chance pour la France. »

Sache quand même que la prochaine année du cochon en Chine est 2031.

Schwein haben est le synonyme en allemand d'« avoir de la chance ». Pour le Nouvel An, on offre des petits cochons en pâte d'amande. Tu figures aussi sur les cartes de vœux puisque tu as toutes les qualités de bien-être, de fertilité et de force, de richesse, tout ce que l'on veut souhaiter à ses proches.

Mon porte-bonheur, ce sont deux lettres en hébreu, un chet et un yod, qui composent le mot *chai* qui se traduit par « la vie ! » ou « vivant ! ».

Ma chance, c'est la vie, c'est vivre, être vivante.

J'anime parfois des ateliers d'écriture. Un bon thème serait de demander aux participants de décrire leur chance, de faire une liste de leur chance. J'écrirais :

D'être née

D'être née aux États-Unis en 1945, après la Seconde Guerre mondiale

D'avoir deux parents

D'avoir deux sœurs

D'avoir aimé l'école et apprendre

D'aimer lire

D'aimer et être aimée
D'être heureuse
D'être consciente d'être heureuse
D'être consciente de ma chance
D'être consciente !
D'être allée à l'université
D'avoir trouvé l'homme de ma vie qui m'a importée en France
D'avoir accouché de deux filles
D'être mère
D'être une femme
D'écrire
D'être publiée
D'être invitée dans les salons du livre, dans les classes et les bibliothèques
De vivre dans une démocratie
De vivre en France, pays d'exception culturelle
De vivre à Nice, avec mer et soleil
D'avoir quatre petits-enfants
D'avoir un arrière-petit-fils
De profiter de (presque) chaque minute

Si l'un de mes étudiants avait rédigé cette liste, j'aurais demandé d'expliciter, de détailler, d'approfondir, mais ma chance n'est pas exactement le sujet. C'est plutôt ta malchance, mon cochon. Au moins tu n'es pas conscient de ta mort imminente (et nous non plus, du moins pas tout le temps). Tu veux savoir ma malchance aussi ?

Mes parents sont morts
Une de mes sœurs est morte
Mon mari est mort jeune
J'ai connu une grande maladie (mais pour l'instant j'ai survécu)
J'ai eu six opérations et la pire épreuve, c'est le réveil douloureux
J'ai eu des déceptions
J'ai eu des frustrations
J'ai perdu des amis
Je vieillis et j'en suis consciente
J'ai perdu pas mal de mes pouvoirs magiques

Tu vois, il y a moins de malchance que de chance et la vie est quand même magique.

Peux-tu en dire autant ?

Il faut que je te le dise, si je n'ai pas tout à fait la foi, j'en ai des miettes et je sais que je ne te mangerai pas autrement qu'en cachette parce que je ne peux pas admettre que je transgresse. Ma culpabilité me poursuit. J'aimerais être un modèle de vertu pour mes enfants et mes petits-enfants, mais je ne peux même pas m'arrêter de croquer les chips et les cookies. Je voudrais que mon judaïsme tant aimé s'éternise en eux par mon exemple. Mais quel exemple ?

Goinfre d'amour

J'ai quatre petits-enfants. Il y a Yona, 30 ans, Noam, 28 ans, Emma, 23 ans, et Sacha, 13 ans. Yona et Emma sont végétariennes. Noam et Sacha mangent de temps en temps de la viande (mais je ne crois pas du porc, du moins, pas devant moi… et moi, pas devant eux !). Porc ou pas porc, mon amour pour eux est inconditionnel. Oh, l'amour !

J'aime mes enfants, j'ai adoré la maternité. Enfants, ados, adultes. Mais les petits-enfants, c'est un stade au-dessus. Je les aime tellement que ça fait mal. Je les aime grand comme le soleil et la lune, la mer, la terre et le ciel… et le chocolat. En vérité, l'amour n'est pas quantitatif. L'amour c'est l'amour, ni grand, ni petit, ni moyen. On n'aime pas beaucoup, on aime. Tout simplement… avec beaucoup de complexité.

Tout au fond du cœur
Tapissé de sel, de sucre et d'or
Il y a un trésor
Rempli de saveurs.

Il remue et bouleverse
Il allume son feu vert
Il perce au laser
Il renverse.

Source de lumière
Il existe pour t'enrichir
Te faire pleurer, te faire rire
Fleur printanière.

Tout au fond du cœur
Il suffit de fouiller
De démêler
Ne pas avoir peur

De l'amour.

Je disais tout le temps, à peu près 9 372 fois, à Yona : « Tu sais combien je t'aime ? » Je l'énervais. Elle répondait : « Je crois en avoir entendu parler. » Je les agace tous avec mon trop-plein d'amour.

Goutte à goutte, je déverse mon amour sous forme d'inquiétude mais aussi sous forme de transmission. J'ai écrit un livre avec Emma et j'en écris avec Sacha et Noam. Avec Mayah et Lili aussi. Pas encore avec Yona. Ça viendra. C'est ma façon de les écouter car ils ne sont pas causants. Si je demande à Sacha, par exemple : « Comment ça va au collège ? », il me regarde et dit : « Tu poses de drôles de questions ! » Je suis extrêmement prudente avec mes questions, ce qui est contre ma nature. Mais on a peur de ses enfants et petits-enfants adultes. Ils peuvent nous assassiner avec un regard. Je déverse mon amour aussi avec la cuisine en respectant leurs goûts. Ça me coûte de faire le bouillon de poule sans poule et le foie haché sans foie. Je cherche des recettes pour les accommoder. Je déverse mon amour en essayant de rester en vie car Yona m'a dit qu'elle n'imaginait pas faire naître un enfant dans un monde où je ne suis pas. Je déverse mon amour sur Enaël, mon arrière-petit-fils, en regardant ses photos et vidéos vingt mille fois par jour, en écrivant des histoires pour lui, en me contraignant à ne pas le croquer et l'avaler morceau par morceau.

J'ai de la chance aussi d'aimer mes sœurs : une vivante et une morte. Oui, cochon chéri, on peut aussi aimer les morts, car tant que nous sommes vivants, nous pouvons encore aimer au-delà de la vie. Je regarde une photo de Jacques ou de ma sœur Sandra et je mesure mon bonheur de les avoir connus. Cette gratitude me poursuit partout. J'écris un manuscrit sur ma sœur Sandra que je ne publierai jamais. Je l'écris parce qu'il faut raconter ses frasques et ses folies. J'ai l'impression qu'elle rit avec moi et me chuchote dans l'oreille. Je parle avec ma sœur Effie tous les jours. Je n'aime pas parler au téléphone, sauf avec elle ! J'aimais mon père aussi, mais il est mort jeune et on ne s'est jamais parlé. Il était d'une grande gentillesse. Et puis ma mère m'accompagne encore à chaque moment. Elle vit dans ma poche.

Les trois plus grands petits-enfants ne sont pas des lecteurs voraces. Mais ils lisent de temps en temps. Cet été j'ai donné ma liseuse à Emma et elle s'est mise à lire de folie. Le véritable lecteur champion du monde est Sacha. Il a zappé l'école primaire à cause de sa maladie, il a appris seul à lire et dévore des gros pavés, les uns après les autres. Non seulement il les lit, mais il peut les raconter dans les détails les plus infimes.

Il écrit aussi. Il en est à sa troisième nouvelle et son premier roman. Tu penses peut-être, cochon, que ce sont de petites nouvelles enfantines. Tu te trompes. Il a une maturité bien au-delà de son âge, une technique, une passion pour les mots. Grâce à la multitude de livres qu'il a lus, il a intégré l'aptitude à l'intrigue, aux dialogues, à la description, et plus que toute autre chose, il a de l'humour. Et du talent !

Il écrit chez moi le mercredi. Car à la maison, il n'a pas droit aux écrans (sauf quand il est chez son père un week-end sur deux).

Sa mère, médecin, veut à tout prix conserver son cerveau. Elle voit ses camarades de classe avec leurs portables : ils n'ont pas plus de quelques minutes de concentration. Elle m'a envoyé une photo du groupe de ses copains à une fête d'anniversaire. Ils étaient tous plongés dans leurs téléphones, sauf Sacha qui n'en a pas et qui regardait le smartphone de son ami. Qu'est-ce qu'ils vont devenir, à ton avis, cochon ?

D'un côté, il a la chance d'avoir une mère forte qui n'a pas peur d'attirer sa haine. Elle accepte l'impopularité au nom de la santé mentale de son enfant. Est-ce qu'on peut persévérer à aller contre le courant ? Je dis à ma fille : « Il a besoin de cet outil pour poursuivre sa passion. Si le père de Mozart lui avait retiré le piano, le monde serait privé de sa musique céleste. » Ils sont arrivés à un petit compromis. Il a droit à une demi-heure par jour, sauf le mercredi quand il est chez moi où il peut s'en donner à cœur joie. Même les enfants de Bill Gates et de Steve Jobs n'avaient pas de téléphone avant 16 ans ! Les psychiatres, les médecins, les psychologues sont d'accord pour dire que c'est néfaste. Et on voit des enfants de 3 ans qui jouent sur le téléphone de leurs parents au restaurant. Les téléphones baby-sitters. Peut-être qu'un jour Sacha dira : « Tout ça, je le dois à ma mère ! »

Et si les téléphones portables avaient existé du temps où les rabbins et les grands-prêtres se réunissaient pour interdire ou permettre, n'auraient-ils pas banni, boycotté, proscrit, cet appareil utile et néfaste à la fois ?

Sacha rêve d'en avoir un comme tous ses copains. En attendant, il lit. N'est-ce pas merveilleux ?

L'idole littéraire de Sacha est Stephen King. Souvent il me conseille un roman de cet écrivain, ce qui prouve que nous pouvons beaucoup apprendre de nos enfants et petits-enfants. Ainsi, j'ai lu *Misery*, et puis j'ai vu le film. Et toi, cochon – ou plutôt cochonne –, justement, tu es une figure importante dans *Misery*. Stephen King est le roi de la terreur et, d'un côté, tu peux être fier qu'il t'ait choisi comme animal de compagnie de la protagoniste Annie. Sauf qu'Annie est authentiquement, pathologiquement folle, et tu sers symboliquement de compagne la plus abjecte à une criminelle perverse.

Et si Stephen King, qui est certainement un génie, écrivait un roman dans lequel le coupable n'était pas la cochonne, mais celle ou celui qui la mange ?

Sacha a certainement ma passion d'écriture. Emma, depuis mon cadeau d'une liseuse, a mon appétit de lire. Ni Emma ni Sacha n'ont accepté de faire une bat ou une bar mitzvah. Yona et Noam l'ont fêtée dans ma synagogue à Nice. Noam apprend l'hébreu. Yona est la maman d'Enaël. Ce sont plutôt eux qui me transmettent leurs principes d'un monde plus écologique, féministe, juste et humanitaire. Que demander de plus ? Qu'ils se rappellent qu'ils avaient une grand-mère juive qui aimait sa culture, son peuple et ce pays qu'est Israël.

Mes dix commandements à moi

Défense d'entrer, stop, interdiction de fumer dans les lieux publics, interdit aux chiens, stationnement interdit, silence ! Défense de marcher sur la pelouse.

Péchés et interdictions peuplent notre vie, nous les humains.

On n'applique pas le slogan de Mai 68 : « Il est interdit d'interdire. »

Depuis la nuit des temps, il pleut des interdictions. Prenons par exemple quelques-uns des dix commandements, elles sont là, tranquillement casées dans la Bible. Dans ma tête, je vois la scène du film spectaculaire avec Moïse qui les inscrit sur les Tables de la Loi, éclairs et tonnerre, et peur de ce Dieu terrifiant qui dicte :

Tu ne tueras pas
Tu ne commettras pas d'adultère
Tu ne voleras pas
Tu ne porteras pas de témoignage mensonger contre ton prochain
Tu ne convoiteras pas la maison ou la femme de ton prochain
Tu ne convoiteras rien de ce qui est à ton prochain

Évidemment, on ne peut qu'être d'accord avec ces commandements. Vive la civilisation !

Dans mon cas, il pourrait y avoir quelques commandements de plus, du genre : Tu ne te goinfreras point, Tu ne scrolleras pas des heures, Tu ne perdras pas ton temps à regarder des séries romantiques, ou bien Tu feras le ménage chez toi, Tu marcheras une demi-heure par jour, Tu écriras moins.

Il y a aussi des interdictions sexuelles : bien sûr les relations incestueuses, bestiales, ou les rapports sexuels avec une femme juive pendant ses règles.

Et surtout pas d'idolâtrie.

Mais tu vois, cochon chéri, parmi les interdictions, tu es en haut de la liste.

Et puis il y a des interdictions réservées à shabbat : ne pas cuisiner (ne pas brûler), ne pas planter, ne pas récolter, ne pas brancher l'électricité, ne pas éteindre, ne pas coudre. Même si je transgresse quelques interdits, pour rien au monde je ne coudrais pendant le shabbat. (Mais j'écris !)

Il y a des interdictions et les commandements (mitzvot) : dans la Torah on trouve 613 commandements, dont 365 commandements négatifs (ne faites pas) et 248 positifs (faites).

Ne pas embarrasser les autres – Lévitique 19, 17

Ne pas opprimer les faibles – Exode 21, 22

Ne pas parler désobligeamment des autres – Lévitique 19, 16

Ne pas se venger – Lévitique 19, 18

Ne pas tenir rancune – Lévitique 19, 18

Ne pas suivre les caprices du cœur ou de ce qui s'offre à la vue des yeux – Nombres 15, 39

Ne pas blasphémer – Exode 22, 27

Ne pas adorer des idoles en pratiquant le culte qui leur est voué – Exode 20, 5

Ne pas se tatouer la peau – Lévitique 19, 28

Et bien sûr : Ne pas manger des animaux non casher – Lévitique 11, 4

Il y a aussi des tabous. Aurais-tu un tabou ?

Le cannibalisme est certainement le plus universel des tabous. J'ai lu un article qui suggère que cela ne s'applique pas à toi, qu'il peut arriver que des cochons mangent des cochons. C'est une bonne raison de ne pas te manger !

Les autres tabous universels sont l'inceste et le meurtre.

Il y a aussi les tabous culturels dont un qui te plaira : le tabou de manger de la viande de bœuf en Inde. La vache est un animal sacré pour les hindous et consommer sa viande est considéré comme irrespectueux dans plusieurs régions. Il te suffirait de devenir un animal sacré !

Dans certaines cultures asiatiques, il est perçu comme une offense de montrer les plantes des pieds.

Au Moyen Âge, la sorcellerie était taboue, cela a donc donné lieu à la chasse aux sorcières.

Dans certaines sociétés indigènes, on respectait les tabous concernant la nature pour préserver l'environnement.

Il y a aussi des sujets tabous autour des tables de la bonne société : le sexe, la maladie, l'argent, la politique, la religion.

Beaucoup de ces interdictions sont du simple bon sens. Et finalement est-ce un mal de nous contraindre au bon sens, de nous cadrer, structurer et indiquer le chemin dans une sorte de GPS du comportement humain ?

Mais… je te propose mes dix commandements à moi :

Sème les graines de l'amour partout
Respire fort un bon coup
Ne sois nul autre que toi-même
Écris chaque matin un poème
Souris au monde entier
Ne fais pas les choses à moitié
Chante, danse et fais des bisous

Prends soin de ton corps et de tes genoux
Cultive et protège l'amitié
Fais pousser des arbres fruitiers

Ce sont eux, mes dix commandements, que j'espère aussi offrir en héritage à mes enfants, petits-enfants, arrière-petits-enfants, et à celles et ceux qui me lisent.

Pour toi, la vie est plus simple : pas de tabous, pas d'interdictions, pas d'obligations. La belle vie ?

La Shoah, la peine et quand même… Israël

Tout n'est pas rose, même à travers mes lunettes roses en forme de cœur.

Est-ce que tu sais ce que c'est de vivre avec une grosse pierre dans ton cœur, ton estomac, ta tête ? Une grosse pierre de chagrin, de peine, de douleur, de tristesse et de détresse. Et l'angoisse que ça pourrait toujours arriver de nouveau. Un cafard géant qui séjourne en toi et picore avec un venin de mémoire et des larmes d'accablement.

Tu es le premier à qui je parle de ça. C'est curieux que, tellement habitée par la Shoah, je n'ai jamais écrit un roman qui se passe pendant la Seconde Guerre mondiale. Je ne m'y suis pas autorisée : je suis née juste après la guerre et si loin géographiquement, aux États-Unis. Je ne me sentais pas légitime. Ou bien je suis une lâche. J'ai gagné un peu le droit par mon mari, Jacques, né en 1939 à Nice, qui, lui, fut caché des prédateurs par des bonnes sœurs à Peille. Son père fut déporté à Auschwitz. Jacques était habilité et authentique, mais il n'a jamais écrit, il n'en parlait pas, il a juste souffert toute sa courte vie, il empoignait son ventre, plié de douleur.

N'empêche que je me nourrissais des livres et des films sur cette période, et Jacques aussi. Le journal d'Anne Frank est en résidence permanente sur ma table de chevet depuis mon enfance et jusqu'à aujourd'hui. Elle a écrit : *Je ne veux pas, comme la plupart des gens, avoir vécu pour rien. Je veux être utile ou agréable aux gens qui vivent autour de moi et qui ne me connaissent pourtant pas, je veux continuer à vivre, même après ma mort !* Et comment ! J'aimerais citer d'autres passages pour toi ou te lire son journal entier.

Pourquoi je te parle de ce génocide aujourd'hui, le 27 janvier 2025 ? Parce que c'est le 80e anniversaire de la libération d'Auschwitz. Et moi, j'ai 80 ans ! Je suis née le 18 mars 1945 (et Anne Frank est morte en mars 1945). Il y a eu une cérémonie à Auschwitz où les quelques survivants encore en vie ont témoigné. Mais ces témoins ont entre 90 et 100 ans. Sans témoins, qui va se souvenir et qui va croire et qui va transmettre la mémoire de l'épisode le plus tragique de l'histoire des juifs ? Si comprendre est impossible, connaître est indispensable. Ainsi, je vais réciter pour toi, cochon savant, les noms de quelques camps de concentration : Auschwitz, Belzec, Bergen-Belsen, Buchenwald, Chelmno, Dachau, Majdanek, Mauthausen, Ravensbrück, Sachsenhausen, Sobibor, Treblinka, pour les plus grands voués à l'extermination. L'horreur et la cruauté de ces camps sont incommensurables.

À Auschwitz on a abattu un million de juifs. Peut-être que tu me répondrais qu'en France on a abattu en une année 23,3 millions de porcs. Mais dans ton cas (et bien que je sois contre), c'est la loi de la nature et dans l'ordre des choses. On a estimé à 17 millions de morts les crimes contre l'humanité perpétrés par le régime nazi en Europe. Six millions furent des juifs. J'ai toujours eu l'impression que chacun d'entre eux était un morceau de moi.

Je ne vais pas te donner davantage de chiffres et de leçons d'Histoire. Tout est dans les livres et sur Internet. Ce que je veux t'écrire, c'est surtout ma relation à tout ça. Comme le 7 octobre 2023 en Israël, un pogrom, un massacre, des otages. Je ne vais pas te décrire l'horreur, la terreur, la monstruosité, l'abomination, la stupéfaction face à cette attaque contre l'humanité. Je te dis seulement que ça m'a paralysée.

Que tu le saches : je suis née trois ans avant l'État d'Israël, et il occupe une immense place dans la géographie de mon cœur. C'est ma patrie personnelle, affective, spirituelle, chimérique et irréelle, puisque je n'y vis pas. C'est ma bouée de sauvetage, mon refuge, mon havre éventuel. Pour exister, il faut que je sache qu'il existe. Je l'aime comme mon enfant. Même quand cet enfant est vilain, ce sale môme qui fait des bêtises terribles, mon amour est inconditionnel. Il peut me trahir, me décevoir, me briser le cœur, mon amour et mon dévouement restent inébranlables.

Je refuse d'en parler aux dîners mondains, ça me fait trop mal, comme la guerre qui a suivi l'outrage qui l'a initiée. Je ne veux pas me faire bien voir en condamnant les miens, bien qu'ils soient condamnables et bien coupables. Je ne veux pas paraître politiquement correcte quand j'aime penser que c'est la guerre, et à la guerre comme à la guerre. Longtemps, je me suis complu dans « C'est eux ou c'est nous ! », jusqu'au jour où mon amie israélienne, militante pour l'Israël idéal, m'a dit : « Je ne veux pas vivre dans un pays où c'est eux ou c'est nous. Je veux vivre dans un pays où EUX et NOUS sont NOUS. »

Ce qui me permet de vivre et d'espérer, ce sont des manifestants de tous les âges qui agitent les drapeaux bleu et blanc dans des rassemblements massifs contre vents et marées, contre un gouvernement pourri et ses politiciens corrompus et contre une guerre démesurée. Je suis fière de faire partie d'eux, certes de loin, mais de tout cœur.

Le mot magique

Est-ce que tu ressens cette vague qui berce ma vie : la gratitude ?

Je me lève le matin, submergée par la gratitude. Je flotte, semi-endormie sur un lac de bien-être et de conscience de mon bonheur d'être vivante. Cette reconnaissance me sauve de ma culpabilité d'être pourrie gâtée par la vie : de vivre en France, à Nice, dans une démocratie, d'être protégée par un système social (bien que déficitaire), d'être assurée de tous mes besoins fondamentaux et au-delà. Oui, je suis heureuse d'être née et d'être moi.

Et tout le long de la journée je coche les différentes cases de gratitude en disant à voix haute :

Merci mon lit

Merci ma couette à plumes

Merci mon petit oreiller rempli de graines de lin qui soutient ma nuque

Merci la lumière que s'infiltre à travers les volets

Merci les W.-C.

Merci le papier toilette

Merci l'eau chaude

Merci la douche italienne

Merci aux vêtements qui couvrent ma nudité effrayante

Merci le chauffage qui fait de ma maison du toast en hiver

Merci la climatisation qui rend l'été supportable

Merci la capsule de café au goût de noisette

Merci le pain français incomparable

Merci la cuillère qui mélange, la fourchette qui pique, le couteau qui étale le beurre

Merci le clavier et l'ordinateur qui m'accueillent avec mes pensées en vrac

Merci aux mots et aux phrases qui arrivent au compte-gouttes

Merci à l'oranger généreux pour les jus, et le presse-agrumes

Merci les arbres et les fleurs qui poussent sans qu'on le leur demande, qui ponctuent les saisons de leur générosité

Merci la radio pour les mauvaises nouvelles (les bonnes sont rares), car il faut se tenir informée

Merci le téléphone de me permettre de partager une bricole avec des amis et la famille lointaine

Merci aux repas qui nous régalent et favorisent la conversation

Merci aux livres qui me racontent des histoires

Merci à la prose exquise de Shakespeare, Victor Hugo et Virginia Woolf de m'émouvoir jusqu'aux larmes

Merci aux étagères qui tapissent mes murs

Merci à ma maison qui m'abrite

Merci à Bach, Beethoven, Brahms, Mozart, Chopin, Debussy (pour commencer !) qui font vibrer mes oreilles

Merci à Matisse, Vermeer, Van Gogh, Rembrandt qui baignent mes yeux de soleil

Merci à mes amis et mes amies
Merci à ma mère, mon père, mes sœurs
Merci à Jacques, merci à Georges
Merci à mes enfants, petits-enfants et arrière-petits-enfants

La liste pourrait continuer à l'infini. Tous ces mercis doivent te sembler bizarres, ainsi que les auteurs, les compositeurs, les peintres et les artistes. Tu vois, c'est tout ça qui nous rend humains.

C'est tout ça qui me fait aimer la vie… à la folie.

Oh, la vie ! Combien je veux continuer à vivre !

Toi et moi pour l'éphémère toujours

Il est temps que je te dise aussi un grand merci à toi !

Voici ce qu'écrit la poétesse américaine Emily Dickinson qui prouve que tu n'as pas vécu pour rien :

If I can stop one heart from breaking,
I shall not live in vain ;
If I can ease one life the aching,
Or cool one pain,
Or help one fainting robin
Unto his nest again,
I shall not live in vain.

« Si je peux empêcher un cœur de se briser,
Je ne vivrai pas en vain ;
Si je peux soulager une vie de sa souffrance,
Apaiser une douleur,
Ou aider un rouge-gorge affaibli
À rejoindre son nid,
Je ne vivrai pas en vain. »

J'utilise souvent le mot « cœur », j'ai des lunettes en forme de cœur, chez moi il y a des cœurs partout. Mais je n'avais pas la moindre idée que mon cœur, je parle de l'organe, était défectueux. Plus on donne de l'amour, plus ça use ?

Ce qui était vraiment délabré dans mon corps, c'était ma paire de genoux, au point où la radiologue s'est exclamée : « Vous n'avez plus de genoux ! » Le chirurgien orthopédique m'a demandé de voir un cardiologue pour qu'il me déclare apte à subir l'intervention chirurgicale pour remplacer ce qui avait été un genou par un bric-à-brac de métal.

J'ai pris rendez-vous et j'y suis allée guillerette. J'allais bientôt exister sans douleur. Ce n'était qu'une formalité. Le cardiologue a fait une grimace en découvrant l'échographie du cœur. Et il m'a annoncé la nouvelle : « Pas de nouveau genou ! On s'occupe d'abord du cœur. »

Tu vois, cochon, tu ne vis pas assez longtemps pour te détériorer, alors que pour nous, la machine que nous sommes tombe en panne. Est-ce qu'il vaut mieux mourir en pleine forme que de s'effriter petit à petit ?

Sous le choc, je n'écoutais pas, mais il m'a parlé de la valve aortique qui fonctionnait mal. « Vous n'êtes pas essoufflée ? » J'ai répondu : « Si, quand j'escalade mes marches, mais tout le monde est à bout de souffle quand on monte mon escalier. » Il a immédiatement pris rendez-vous à la clinique pour une angiographie coronaire.

Le chirurgien a organisé mon opération à la première date possible pour remplacer ma valve, avec une partie de toi.

Oh là là, je n'étais pas contente. L'ennemi allait vivre en moi ! J'ai téléphoné à mon rabbin et à mon neveu orthodoxe pour savoir si c'était casher. Ils m'ont donné leur bénédiction. La vie est plus sacrée que toutes les lois. Et pour sauver une vie, on peut aller jusqu'à... intégrer du cochon dans son corps. Je me suis résignée à t'accueillir.

Je te raconte l'hôpital et le luxe dans lequel on y évolue : le Centre Cardio-Thoracique de Monaco est face au palais du prince et surplombe le port et la mer jusqu'à perte de vue. Les vastes chambres sont pour deux. Dans l'autre lit, il y avait une femme minuscule qui hurlait ou articulait des phrases en italien. Comme comité d'accueil, il y a mieux.

Je ne pouvais pas lui adresser la parole parce qu'elle était sourde comme une pierre. Ella a crié toute la nuit tantôt en français, tantôt en italien. Parmi le brouhaha indistinct, il y avait de temps en temps un véritable ensemble de mots comme : « Qu'est-ce que j'ai fait aux juifs pour qu'ils me torturent ainsi ? » Cochon, je ne blague pas, elle pestait toute la nuit contre les juifs. Est-ce que cette cohabitation était une punition pour ce que je comptais faire entrer en moi, c'est-à-dire une valve de cochon ?

Le lendemain matin, le personnel, qui connaissait bien la situation, m'a présenté des excuses (ce n'était pas de leur faute) et l'a isolée dans une autre partie de l'hôpital. On l'a remplacée par une gentille dame de mon âge qui devait subir la même opération.

La chambre faisait, je te jure, soixante-quinze mètres carrés, une partie pour les lits, et l'autre pour un salon-salle à manger. Le mobilier était style Le Corbusier, et la table où nous mangions des repas gastronomiques était revêtue d'une nappe et de serviettes blanches. Notre conversation consistait à répéter « Mmiammmm » pendant tout le repas. Le petit déjeuner était composé de croissants et de brioches, un bon café, du jus d'orange frais.

Le chirurgien est venu me voir pour me faire signer des formulaires : il m'a demandé si j'acceptais d'être filmée pendant l'intervention pour un congrès international de cardiologie. « Est-ce qu'il y a un maquilleur ? » ai-je demandé. J'étais heureuse de cette proposition, je suis cabotine ! Et je me suis dit qu'il n'allait pas me rater devant ses collègues du monde entier.

J'étais donc anesthésiée et j'ai complètement loupé mon numéro de star auprès des cardiologues qui peuplent le globe. Je peux seulement dire que parmi toutes mes opérations (et j'en ai eu !), ce fut le plus doux des réveils, sans peine, sans le moindre inconfort. J'ai été rapidement rapatriée dans ma chambre somptueuse où j'ai pu téléphoner à mes filles et à ma sœur pour leur dire que j'allais très bien. Une petite partie de toi était bien installée dans mon corps, et désormais nous sommes unis.

J'ai repris le rythme de ces vacances princières à la principauté de Monaco : lire, écrire sur mon portable, regarder une série romantique coréenne, sortir sur la terrasse et manger les repas délectables.

J'étais soulagée et déçue quand ils m'ont déclarée apte à rentrer chez moi tellement je voulais rester dans ce confort et ce luxe. Avant de partir, je suis descendue à la cuisine pour embrasser le chef et lui dire : « Vous êtes la preuve qu'on peut le faire ! »

J'ai retrouvé ma maison, mon lit, ma cuisine, mon éthique de travail, et nous deux, toi et moi, vivons en parfaite harmonie.

Ainsi, cochon adoré, tu as peut-être atteint un statut de bienfaiteur de l'humanité. Toi, mon ennemi, mon irréconciliable adversaire, mon antagoniste, tu m'as sauvé la vie !

La vie est belle quand l'ennemi devient un frère.

Merci !

Tu fais partie de mon cœur
À contrecœur
Même si tu m'écœures
Même si j'ai encore peur
T'es mon protecteur,
Mon interlocuteur
Mon réparateur
Et mon bienfaiteur !
Petit sauveteur.

Ce livre est mon cadeau pour toi et pour moi-même à l'occasion de mes 80 ans.

Cet ouvrage a été composé par PCA

Achevé d'imprimer en juin 2025
par CPI BUSSIÈRE à Saint-Amand Montrond

pour le compte des Éditions J.-C. LATTÈS
17, rue Jacob – 75006 Paris
CONTACT-LATTES@jclattes.fr

PAPIER CERTIFIÉ

JC Lattès s'engage pour l'environnement en réduisant l'empreinte carbone de ses livres. Celle de cet exemplaire est de :
400g éq. CO_2
Rendez-vous sur www.jclattes-durable.fr

N° d'Édition : 01 - N° d'impression : 2084933
Dépôt légal : août 2025
Imprimé en France